全国教育科学规划教育部青年课题
“互联网+”背景下基于移动端的教学模式改进与大数据分析研究（ECA180467）

“互联网+”背景下基于移动端课堂教学辅助系统的设计与实现

HULIANWANG BEIJING XIA JIYU YIDONGDUAN KETANG JIAOXUE FUZHU XITONG DE SHEJI YU SHIXIAN

魏冲◎著

·北京·

内 容 提 要

本书主要介绍了“互联网＋教育”；研究的主要对象与目的；“华水云课堂”系统的设计概要；“华水云课堂”各功能的具体实现过程；“华水云课堂”功能的具体应用等内容。

本书可供教育学、计算机科学等领域，以及从事“互联网＋教育”相关研究的学者参考。同时，“华水云课堂”为各高校从事教育教学工作的同仁提供了便捷的课堂辅助教学工具，欢迎大家关注和使用。

图书在版编目（CIP）数据

“互联网+”背景下基于移动端课堂教学辅助系统的设计与实现 / 魏冲著. -- 北京 : 中国水利水电出版社, 2019.6

ISBN 978-7-5170-7762-6

Ⅰ. ①互… Ⅱ. ①魏… Ⅲ. ①便携式计算机－计算机辅助教学－课堂教学－教学研究 Ⅳ. ①G434

中国版本图书馆CIP数据核字(2019)第118602号

书　　名	**“互联网＋”背景下基于移动端课堂教学辅助系统的设计与实现** “HULIANWANG＋” BEIJING XIA JIYU YIDONGDUAN KETANG JIAOXUE FUZHU XITONG DE SHEJI YU SHIXIAN
作　　者	魏　冲　著
出版发行	中国水利水电出版社 （北京市海淀区玉渊潭南路1号D座　100038） 网址：www. waterpub. com. cn E-mail：sales@waterpub. com. cn 电话：（010）68367658（营销中心）
经　　售	北京科水图书销售中心（零售） 电话：（010）88383994、63202643、68545874 全国各地新华书店和相关出版物销售网点
排　　版	北京时代澄宇科技有限公司
印　　刷	北京瑞斯通印务发展有限公司
规　　格	175mm×245mm　16开本　17.75印张　206千字
版　　次	2019年6月第1版　2019年6月第1次印刷
定　　价	**128.00**元

前言

党的十九大报告明确指出："建设教育强国是中华民族伟大复兴的基础工程，必须把教育事业放在优先位置。加快教育现代化，加快一流大学和一流学科建设，应实现高等教育内涵式发展，高度重视网络教育"。

互联网不仅带动了社会经济实体的生命力，而且为改革、创新、发展提供了广阔的网络平台。教育是学校的核心使命，将互联网作为学校教学环节的载体，有利于构建高素质创新人才培养的数字化学习环境；有利于提高科研质量和高水平重大科研成果形成；有利于增强高校社会服务能力和文化传承创新影响力；有利于促进教育、教学的全面发展和战略性转型。

"互联网＋教育"是对传统教育模式的改革和创新，推动了互联网教育新生态的形成，它要求在教育过程中较全面地运用计算机、多媒体和网络通信等为基础的现代信息技术，以适应信息化社会的新要求。"互联网＋教育"的实质是通过信息技术手段，将互联网与教育相融合，从而引起教育领域的巨大变革并逐步形成以互联网为基础的全新教育模式。

对于高校，"互联网＋"在课堂教学中的运用，可以为课堂教学形式的多样化创造积极条件，促进教学活动更具有互联网时代"个性化、移动化、社会化、数据化”的特点；使互联网不仅仅成为课堂教学的工具，更是激发学生创新思维的有效手段。因此，打造更为全面的移动互联系统，将互联网与高校传统教学、管理、服务深度融合，利用新的技术形态、数据形态、组织形态与关系形态，实现对大学课堂传统教学的重塑，力求实现从封闭课堂向开放课堂转变、从灌输课堂向互动课堂转变，才能真正推动教学模式多样化、课程考核过程化、教学资源网络信息化，实现教学的现代化。这既是“互联网＋教育”对当下大学教育的要求，也是本书所要实现的目标。

本书以“互联网＋教育”思维为基础，以服务华北水利水电大学课堂教学为目的，设计并开发了“华水云课堂”手机端课堂教学辅助系统，力求使传统教学模式改革能够搭上移动技术发展顺风车，协助教师课堂教学模式、课程考核模式创新，为教学模式多样化、课程考核过程化提供工具基础，实现教育教学的新突破。“华水云课堂”主要功能包括：以专业课程为单位创建云课堂；上传和下载课堂资源；学生管理；手机签到；课堂管理与编辑；答题与统计；问题答复；辅助任课教师可以在任何移动设备上轻松管理自己的云课堂；掌握学生日常学习动态；发送课堂公告、分享各种资源；开展教学互动等。

“华水云课堂”已全方位应用于华北水利水电大学测绘与地理信息学院人文地理与城乡规划教研室全体教师的课堂教学中，已有12名教师和210多名学生注册使用。该系统将课堂许多教学过程进行了信息化；基于高校学年学分制的特点，实现了学生管理的信息化；为教师课堂教学手段的多样化创造了积极的条件，极大提高了教学信息化的可操作性；为教学模式多样化、课程考核过程化以及课程改革提供了更加丰富的数据基础与分析结果。

本书在撰写过程中，得到了华北水利水电大学测绘与地理信息学院人文地理与城乡规划系所有教师的支持。特别感谢郭晓伟先生在系统开发方面给予的指导与帮助。在各位的共同努力下“华水云课堂”设计完成的时效均高于预期。

由于时间仓促，加之作者水平有限，不当之处恳请读者批评指正。

在本书的阅读使用过程中如有疑问和建议，可发送邮件至 dixin313@163.com。

作者

2019 年 6 月

于华北水利水电大学

目录

第1章 绪　　论

随着第三次科技革命的迅猛发展，以互联网为代表的现代信息技术，正作为一种全新的生产力不断推动生产关系的变革，深刻改变着经济社会的各个领域，促进各行业优化、增长和创新，为人类的生活、生产、工作、学习带来了翻天覆地的变化。

中国各行各业正在进入互联网的全新时代。互联网不仅带动了社会经济实体的生命力，而且为改革、创新、发展提供了广阔的网络平台。例如，工业制造是人类文明发展的支柱产业，互联网与工业制造的融合，是以互联网为载体，优化工业制造中的各项流程，从而使工业制造更加快捷、方便，达到提高生产效率、实现“工业产品智能化”的目标。又如，将互联网作为农业生产环节的载体，使农产品与互联网相结合，从源头开始把关，打造一系列智能的产品生产线。这样不仅能打消公众对食品安全的顾虑，也能够拓宽农产品销售的途径。同样，教育是学校的核心使命，将互联网作为高等学校教学环节的载体，有利于构建高素质创新人才培养的数字化学习环境；有利于科研质量提高和高水平重大科研成果形成的数字化科研环境；有利于增强高校社会服务能力和文化传承创新影响力的数字化文化传播环境，完成教育全面发展和战略性转型。

习近平总书记在党的十九大报告明确指出，建设教育强国是中华民族伟大复兴的基础工程，必须把教育事业放在优先位置。因此，有效地将互联网的创新成果与高等教育进行深度的应用与融合，能

够不断提升教学内涵、创新教学模式、促进教学资源有效利用、提高教学水平，对提升人才培养质量和效率、落实“高等教育质量工程”、加快教育现代化建设进程，实现高等教育健康可持续发展的重要战略举措具有重大的战略意义和价值。

1.1 “互联网＋”概述

1.1.1 “互联网＋”概念的由来

“互联网＋”是互联网思维的进一步实践成果，其代表一种新的社会经济形态，即充分发挥互联网在生产要素配置中的优化和集成作用，将互联网的创新成果深度融合于经济社会各领域之中，提升实体经济的创新力和生产力，形成更广泛的以互联网为基础设施和实现工具的经济发展新形态。

国内“互联网＋”理念的提出，最早是在2012年11月14日举行的“易观第五届移动互联网博览会”上，由于扬进行的题为“所有传统和服务都应该被互联网改变”的演讲。作为易观国际董事长兼首席执行官，于扬认为：在当今，世界所有的传统和服务都应该被互联网所改变；在未来，“互联网＋”公式应该是所在的行业的产品和服务，与多屏全网跨平台用户场景结合之后产生的公式。如何找到与所在行业的“互联网＋”，是企业需要思考的问题。2013年11月在众安保险开业仪式上，腾讯首席执行官马化腾进一步丰富了“互联网＋”的概念，他提出：“互联网加一个传统行业，代表了一种能力，或者是一种外在资源和环境，能够对这个行业进行一种提升。”“互联网＋”是一种互联网思维，而非实体，它不是简单的两者相加，是优化和集成，是一种深度融合，是“＋互联网”的翻转。2015年全国“两会”上，马化腾提交了《关于以“互联网＋”为驱动，推进我国经济社会创新发展的建议》的议案，呼吁把“互联网+”提升为国家战略。

尽管许多互联网企业正确地预测了互联网对各行业的推动力，但真正把“互联网+”概念带入公众视野的，是在2015年3月5日，李克强总理在第十二届全国人民代表大会第三次会议所作的《2015年国务院政府工作报告》中正式提出：“制定‘互联网+’行动计划，推动移动互联网、云计算、大数据、物联网等与现代制造业的结合，促进电子商务、工业互联网和互联网金融健康发展，引导互联网企业拓展国际市场，将‘互联网+’行动作为推动中国产业结构迈向中高端的重要部署，以协调推动经济稳定增长和结构优化”。

2015年7月，国务院正式颁布《关于积极推进“互联网+”行动的指导意见》，其中明确提出：‘互联网+’是把互联网的创新成果与经济社会各领域深度融合，推动技术进步、效率提升和组织变革，提升实体经济创新力和生产力，形成更广泛的以互联网为基础设施和创新要素的经济社会发展新形态。该指导意见自上而下地对互联网在创业创新、协同制造、现代农业、智慧能源、惠普金融、益民服务、高效物流、电子商务、便捷交通、绿色生态、人工智能等十一个领域制定了重点行动计划，对各级政府部门与相关单位所要提供的支持与保障做出了详细部署，并深入阐述了中国“互联网+”建设的总体思路、基本原则以及2018年形成协同互动发展格局；提出到2025年，完善产业生态体系，初步形成“互联网+”新经济形态的阶段性发展目标。

1.1.2 “互联网+”的内涵

自“互联网+”于2015年两会政府工作报告提出后，不同行业

的人们纷纷阐释这一新生词汇，丰富了"互联网+"概念的内涵。

马化腾在2015年"两会"上提出了加快推动"互联网+"的建议。在该建议中，他进一步解释了"互联网+"的概念，"互联网+"就是利用互联网的平台，利用信息通信技术，把互联网和包括传统行业在内的各行各业结合起来，在新的领域创造一种新的生态。王乔峰等指出，"互联网+"中的互联网一词，指的是以云计算、大数据和人工智能为代表的新一代信息技术，而"+"则代表了互联网对其他各种行业的催化作用，通过互联网引爆传统行业的改革和发展。郭慧琳认为，"互联网+"可以理解为将互联网融入到各个传统行业中，并对传统行业的各要素进行重新组合，从而引发生产方式和产业结构的改变。王竹立在《"互联网+教育"未来发展趋势预测》一文中指出，"互联网+"的概念具有划时代的意义，它并非简单的概念相加，而是如刀斧般将原先的结构都分解成碎片，然后以互联网为中心重新建立，最终形成新的体系与结构。朱月翠基于技术、经济、网络三个层面，深入分析了"互联网+"的内涵，认为"互联网+"在技术层面是以互联网为主体形成的一套完整的信息技术，在经济、社会等各领域的扩散、应用过程；在经济层面，"互联网+"代表了时下一种经济新形态，即以互联网为基础和实现工具的经济发展新形态；在网络层面，"互联网+"不仅是一个信息网络，更是一个物质、能量和信息互相交融的物联网。

综合以上学者的讨论与分析，可以看出"互联网+"不能简单地理解为互联网与传统行业简单、机械地相加，而是基于互联的思维、网络的技术改造和提升现有行业。"互联网+"通过对传统产业的网络化、数据化，实现传统行业产业链的升级换代甚至是产生全新的产业链；并整合、优化现有生产要素，将互联网的新生态与传统经济社会各领域充分融合，推动传统产业的创新发展，形成以互联网作为基础的全新的产业生态。

“互联网＋”的到来意味着一次新的技术革命。一方面，“互联网＋”是将传统行业的各个领域与其融合，在此过程中，不仅科技企业能够得到更为良性的发展，担负着大数据、物联网、云计算和智能城市等相关工作的机构也提高了在“互联网＋”形成的新生态下发展壮大的机会；另一方面，传统行业在“互联网＋”的发展趋势下，通过对互联网技术的利用，获得自我转型、产业升级的良好机会，充分连接、融合各个行业领域不同信息，联通产业链中的各个环节，打破传统行业的局限，形成新的生产模式和生产成果，从而使各行各业获得巨大的发展，最终形成新的生态模式。因此，“互联网＋”赋予了国家产业竞争新的内涵。信息技术依托于互联网提供的平台和内容，充分地与能源产业、新型农业、创新工业等领域相关技术交叉结合，形成了新一轮的产业技术革命，使得互联网时代中的国家产业竞争不再局限于传统领域的比拼，国家产业竞争获得了新的内涵。

综上所述，“互联网＋”以透明、平等、开放作为基础，使数据、信息的巨大潜力得以施展，从而形成新的生产力，推动社会的经济发展，促进行业的进步，形成新的商业模式。“互联网＋”的本质是一种创新生态。

1.1.3 “互联网＋”的特征

“互联网＋”既不是无条件的随意相加，也不是简单的概念罗列。“互联网＋”通过大数据、云计算、物联网与传统的制造业、运输业、服务业的融合创新，推动行业新生态的发展，创造新的经济增长点，实现新产业智能化，提高经济发展的动力，最终实现国民

经济水平的提高。“互联网+”的主要特征如下。

1. 跨界融合

对“互联网+”的特质最简洁的表达方式应是：跨界融合，连接一切。“互联网+”的“+”本身就是一种跨界、一种变革、一种开放，即是一种融合。它为互联网业和传统行业提供了一个相互融合的联结点，将过去各行各业间界限分明的圈子彻底打破，在新的环境下形成新的生产力。通过跨界，创新的基础才更坚实；只有融合，群体的智能才能实现；有效协同，研发到产业化的路径才更通畅。融合本身也指代身份的融合，客户消费转化为投资，伙伴参与创新等，不一而足。融合就会提高开放度，就会增强适应性，就不会排斥、排异。在互联网、移动互联网乃至大数据技术的冲击下，以往传统工业的结构化模式正在被颠覆。互联网如果能够融合到每个行业里，无论对于传统行业还是互联网，都是一件好事。

2. 创新驱动

2015年3月，中共中央、国务院出台的《关于深化体制机制改革加快实施创新驱动发展战略的若干意见》旗帜鲜明地指出：把科技创新摆在国家发展全局的核心位置，统筹科技体制改革和经济社会领域改革，统筹推进科技、管理、品牌、组织、商业模式创新，统筹推进军民融合创新，统筹推进引进来与走出去合作创新，实现科技创新、制度创新、开放创新的有机统一和协同发展。由此可见，我国正处于向创新驱动发展转型的关键时期，只有把增长的动力从以往的要素驱动转换为创新驱动，才不会走过分依赖投入、规模扩张的老路。中国未来是创意创新创业创造驱动型发展，“互联网+”能够进一步打破机制的藩篱，通过辅助更多的个体发挥创造精神，打造协同创新、跨界创新、融合创新的新环境，从而为国家发展创造“新常态”。

3. 重塑结构

互联网时代开启了结构的重塑，互联网业打破了原有的社会结构、经济结构、关系结构、地缘结构、文化结构。结构被重塑的同时带来很多要素如权力、关系、连接、规则和对话方式的转变。例如：互联网打破了固有的边界，减弱了信息不对称性。信息的海量化、参与的民主化、创造的随性化逐渐盛行，个性化思维越来越流行。互联网降低了交易的成本，提升了全社会的运营效率。诸如点餐、买票、挂号此类原先必须面对面交易的方式，均可通过网络即时完成。同时，互联网还可以集成大众智慧，每个用户均能够参与产品的设计、传播，参与内容的创造，用户对于物流、菜品的评价实际上是在参与管理。另外，互联网可以基于不同空间个体需求的特殊性，通过大数据分析得出普遍性，形成“众”经济，例如：众包、众筹、众创等，这既是社会的新结构、商业的新格局，又是生活的新方式、经济的新范式。

4. 尊重人性

人性的光辉是推动科技进步、经济增长、社会进步、文化繁荣的最根本的力量。尊重人性是互联网最本质的文化。人性即体验，人性即敬畏，人性即驱动，人性即方向。互联网力量之所以强大，其根本来源于对人性的最大限度的尊重、对用户体验的敬畏和对人的创造性的重视。互联网尊重用户在网络世界的每一次选择，小到一次互动，大到一个平台，都要基于人性思考、开发、设计、运营、创新和改进。

5. 开放生态

“互联网+”行动计划的核心是生态计划，要重塑教育生态、创

新生态、协作生态、创业生态、虚拟空间生态、资源配置和价值实现机制、价值分配规则。一个优质的生态环境，能够最大程度激活人的创造性，放大人的创造力，孕育创意，促进转化，最终为社会带来价值创新。因此依靠创新驱动，做好跨界融合，就必须优化生态。因为在一个开放的生态系统里，只有开放才能融合，才能找到本体与外界因素之间的共通点；并在此基础上，寻找跨界合作的规则。

6. 创意、创新、创业的生态

创意、创新是生态的一个要素，生态既要有种子，还需要土壤、空气、水分。国家积极鼓励大众创业、万众创新的目的就是孵化培育一大批创新型小微企业，并从中成长出能够引领未来经济发展的骨干企业，形成新的产业业态和经济增长点。而达到目的的最重要条件就是创意、创新、创业的生态。构建生态既需要精心设计，又需要发挥要素的连接性和能动性；生态内外必须形成有机信息交换，而不是自我封闭的构筑；要素间交互、分享、融合、协作随时自由发生，同时还要保持独立、个性与尊重。

7. 连接一切

连接是一种对话方式、一种存在形态，理解“互联网+”，就必然要把握它和“连接”之间的关系。跨界需要连接，融合需要连接，创新需要连接，没有连接就没有“互联网+”；连接的方式、效果、质量、机制决定了连接的广度、深度与持续性。连接具有一定的层次，一般可概括为三个“tion”，即 connection（连接）、interaction（交互）、relationship（关系）。这三个层次的连接方式、连接内容与连接质量都不相同。①第一层次，connection（连接）是基础，通过互联网的传播都可以做到，例如社交类 App、网络游戏、直播平台等，短时期可以集聚很大的流量；②第二层次，interaction（交互）很关键，它承上启下，没有交互，就很难分流、导流，最终难以形成信任和依赖；③第三层次，relationship（关系），是连接的目的、创新的驱动，沉淀下信任性关系是连接的归宿，也是社会价值创新的基础。值得注意的是，信任是连接最重要的因素之一。由于互联网降低了信息的不对称，提高了连接节点的可替代性，信任成为了选择节点或连接器的最好判别因素。信任让“＋”成立，让连接的其他要素与信息不会阻塞、迟滞，让某些节点不会被屏蔽。因此，“互联网＋”会形成一种倒逼，让诚信、信任重建，这是人性推动社会进步的最好证据。

1.2 “互联网＋教育”

1.2.1 “互联网＋教育”的概念与内涵

“互联网＋教育”的出现是对传统教育的运作模式的改革，推动互联网教育的新生态的形成。截至目前，虽然“互联网＋教育”出现的频度很高，影响力很大，但还没有一个统一的概念；不同学者存在不同的看法，许多学者在自己的研究中对其进行了解读与探索。

吴媛认为，“互联网＋教育”就是互联网技术对教育领域的深度介入。郝连科等认为，“互联网＋教育”是通过网络信息技术，向教育注入互联网的基因，实施包括人才培养目的、过程、评价等全面的变革，支撑人才培养机制的变化，从而实现基于互联网络的生态化教育，满足新经济形势下社会发展对人才的需要，完成教育全面发展和战略性转型。张茂聪在《互联网＋教育：内涵、问题与模式建构》一文中指出，“互联网＋教育”是发生在教育领域的“新”的

革命；互联网对各类教育形态将产生催化作用，促使各类教育形态换代升级，彻底转变教育形态；而互联网也从以往的工具形态跃向思维高度，促使教育活动最优化的实现。陈丽等通过分析多个典型案例，将“互联网＋教育”定义为运用云计算、学习分析、人工智能等新技术，跨越学校和班级的界限，面向学习者个体，提供优质、灵活、个性化教育的新型服务模式。并在《互联网＋时代我国基础教育信息化的新趋势和新方向》一文中着重指出：“互联网＋教育”服务的理念和组织方式不同于传统学校教育，是在线教育发展的新阶段，具有技术与教育融合、创新的特征。

综上所述，“互联网＋教育”的实质是通过信息技术，潜移默化地将互联网与教育相融合，形成“互联网＋教育”，使传统的教育具备互联网的一系列性质，从而引起教育领域的巨大变革并逐步形成以互联网为基础的全新的教育模式。“互联网＋教育”的内涵可以概括为三点。

1. 基于互联网技术

“互联网＋”通过移动通信网络，对教育信息进行收集、挖掘、整理、分析和整合，使传统的教育具备了互联网的许多性质，从而引起教育领域的一次变革。在未来的教育中，互联网不再只是简单的传送信息的技术系统，而是集合传播、处理、分析、监管和服务于一体的庞大网络，逐步形成以互联网为基础的全新的生态化教育模式，推动教育发展的全面化进程和战略转型，不断满足新时代下社会对人才的需求。

2. 以教育为核心

“互联网＋教育”是发生在教育领域的“新”的革命，互联网是以“服务者”的角色服务于教育主体，它能够加速教育信息资源的流通、促进师生交流的互动、降低学习成本，进一步赋予教育人性化、增强学生的主体性。因此，“互联网＋教育”是以教育为本位，辅助互联网工具和思维，促使教育活动达到最优化。俞敏洪在2014年10月北京国家会议中心举行的“解放教育—互联网教育高峰论坛”中也指出，在“互联网＋教育”的关系中，教育是核心，互联网是教育背后的技术支持和辅助手段，二者不可相互颠倒。

3. “互联网＋教育”的本质在于对教育的分解与重构

互联网的广泛应用，彻底打破了传统教育因地域、时间等局限造成的课堂教学只针对少数人的限制，为更多的人创造了通过互联网学习的机会。“互联网＋教育”不是简单地将互联网与教育行业连在一起，即所谓的“物理反应”，而是应该迸发出新动力的“化学反应”。如果把互联网比喻为一个化学器皿，那么它将把传统教育的一切分解成独立的元素，然后围绕着互联网重新组合，最终形成新的教育模式。与传统教育相比，新的教育模式将更加开放、更大规模、更加注重人的能动性，既是对传统教育模式的颠覆，也是对传统教育的改进与升级。

1.2.2 “互联网＋教育”的特征

作为一种新型教育形态，“互联网＋教育”具有以下五个特征。

1. 新形式连接

“互联网＋教育”应用了大量的互联网相关技术，如：云计算、大数据、移动互联等，将彻底改变教育的模式，使教育走向智能化、数字化、网络化。在教育领域，互联网有了“＋”之后的内容将是无所不能，教育资源可以穿越时空的限制覆盖全球达到共享，优质的教育资源可以平等的使用；教育机构变得多元，教育方式更加亲民，教师作为引导者辅助学生学习，通过人机交互模式、人工智能

等增加了学习过程中对话式的教育方式，改变了填鸭式的教学模式。相对于传统教育模式，每一种“+”都是一种新形式的链接，都是原有教育水平的升级，一次质的飞跃。

2. 创新驱动

“互联网+教育”运用互联网思维，对教育整体及部分进行创新，使教育发生质的变革，达到质性飞跃。

（1）强化技术对教育创新的支撑。

（2）促进教育众创空间的发展。“互联网+教育”的充分发挥了网络开放创新的优势，聚集网络技术资源，创建各种类型的教育教学众创空间，给学生提供创新学习和创业试验的平台。

（3）形成开放分享式创新。互联网技术为创新的开放和分享提供便利与可能。

3. 优化关系

“互联网+教育”打破原有的关系结构，对其进行优化重组，使师生关系、教育机构与学习者的关系发生根本变化，升级到更高水平；改变组织、合作关系等的传统内涵，使现实世界与虚拟世界界限模糊；让用户拥有学习选择权，进行广泛的分享，实现信息的对称交流；使人的角色关系互换、变化，真正集成大众智慧，进行创新与创业。

4. 扩大开放

“互联网+教育”使教育跨出了学校的围墙，不论国家，全球连成一体，实现了真正的开放。其中，最典型的就是可汗学院，在线视频课程受到广泛关注，翻转课堂由此兴起。

5. 更具生态性

教育的生态性表现为多元、多样、自然、进化、渐进等。“互联网＋教育”使教育上述特性更突出、更具操作性。因为先进的技术能够全方面地关注每一位学生，提供形式多样、符合需求的学习内容。同时教师、学生的角色发生巨大变化，“互联网＋教育”能充分表现教师主导、学生主体的关系，学习方式更加个性化、适配化，学习可以在任何时间、任何地点进行；教师也从以前的讲授者转变为引导者、启迪者。

1.2.3 “互联网＋教育”带来的机遇与挑战

1．“互联网＋教育”带来的机遇

“互联网＋”让教育从封闭走向开放，打破了权威对知识的垄断。许多学者结合自身研究方向，分析和评价了“互联网＋”为教育带来的机遇。主要包括：

（1）紧跟时代脚步，革新教育观念。传统教育盛行于工业化时代，因此以往的教育也具有了工业化时代集中、机械、统一标准化的特点，诸如教学方式、教材、课程设置等都是一致的，培养出的人才适用于工业化时代的要求，但对于当今高速发展的互联网时代，这样的教育体系远跟不上发展的脚步。

“互联网＋教育”在技术和理念上都为教育时代性的提高提供了前提。在互联网时代，人的价值意义被放大，人的主体性得到了解放；互联网带来的创新性精神也深深地影响着教育，教育也因为要适应互联网时代对多样化人才的需求，增强了教育的个性化以及多样化。因此，“互联网＋教育”推动了教育的时代化，为教育带来了前所未有的变革。

（2）多样教育模式，改进教育方法。“互联网＋教育”具有的包容性、广阔性、创新性，为传统教育模式和教育方法的改进带来了更多的可能。在传统的教育模式中，教师主动讲授知识，学生被动接受且很少进行交流反馈；教学的内容更注重结果而非过程。其结果导致了整个学习过程缺乏创造性，不利于因材施教，教育结果无法实时反馈、学生思路固化、迁移能力不足。“互联网＋教育”使教育模式变得多样化，更加注重教育体验，利用互联网数据分析结果把握学生兴趣、水平、需求，以学生主动学习体验作为基础改进教育模式，最终实现真正意义上的“体验式教学”。“互联网＋教育”对于教育管理的改变主要体现在智能化系统的使用，学校通过对学生数据的收集分析来进行个性化教学，突破传统教学下等量等速的教学管理。“慕课”教育便是教育模式在内容上突破的样板，教育的内容对于公共服务体系的作用可以更加充分地发挥，做好教育的定位，加深教育内容的深度和广度，更加重视教育的过程而非结果。

“互联网＋教育”时代下，各领域前沿知识得以飞速传播，加快了学校教育内容迭代的速度，更新推动了教育方法智能化，使教育更加的直观、人性、有趣，形成了新的现代化课堂。“互联网＋教育”体系下的智能化教育可以对学生进行实时监测，判断当堂课程学生是否真正地掌握、即时反映学生作业的准确率，以直观的数据报表展现给教师，为老师准确了解每个学生学习的情况以及对课堂学习完成的程度提供保障。

(3) 优化教育资源配置，促进教育公平发展。教育和科技相辅相成共同发展。“互联网＋教育”辐射范围广，为更多的人提供了受教育的可能性，以及终身学习的机会。“互联网＋教育”由于更具灵活性的特点，快速地促进了教育的普及，并使教育配置资源在信息、时空、文化、制度、关系等不同的使用方向间进行重新分配，以期各种教育资源得到充分有效的利用。在互联网状态下，教育从一个老师服务几十个学生扩大到服务几千甚至数万个学生；教育资源可以实现跨地区、跨行业、跨时间的流动和共享。同时，互联网与教育的深度融合，还能缩小甚至消除因地域时空和师资力量差异所导致的教育资源差距，极大地推动了教育的公平发展。

(4) 构建学习型社会，满足终身学习需要。在“互联网+”背景下，全球的知识和信息实现无缝对接，人们可以随时、随事、随地的获得自身所需的学习资源。这就为在全社会形成终身学习的学习型社会提供了技术支撑和现实基础。伴随着“互联网+教育”的持续发展，一个全民学习的学习型社会将会呈现。这也为实现《国家中长期教育改革和发展规划纲要》中提出的“基本实现教育现代化和建成学习型社会以及进入人力资源强国的战略目标”提供了强大支撑力。

2. “互联网+教育”带来的挑战

互联网的到来为教育的发展提供了很多便利条件，推动了教育的发展，为高等教育带来巨大转变。但同时，不少教育界学者也提出质疑：“工业已经进入‘4.0时代’了，但我们的教育还停留在‘2.0时代’”，说明“互联网+教育”在改变高等教育学习方式与教育方式的同时也带来了不小的挑战。“互联网+教育”带来的挑战主要包括：

(1) 传统教育和教育主体的地位受到挑战。著名教育家凯洛夫指出：教育的功能是系统地传授人类的基本知识和基本技能。在传统教育中，教师在对学生面对面传授知识的过程中，还对学生进行了潜移默化的影响，对学生的美德、艺术等进行感染和熏陶。但时，随着移动互联、智能设备、大数据等互联网新兴功能的不断发展，“互联网+教育”的功能越来越完善，师生互动更多地体现在知识和

信息层面的交互，以至于教育的育人功能被弱化。在传统教育过程中，教师是教育的主体，教师需要承担教导学生的工作，这种教学是要面对面的教育，而学生是教育的客体。但是在“互联网＋”时代，传统教育下的时间、地点、人物、内容的固定模式已经被时代所淘汰，教师和学生的地位以及角色发生了实质性的革命，教师变成了学生学习的合作者和促进者，学生成为了学习的主人。因此，在“互联网＋”背景下，教师需要变革固有观念，适应新的时代发展。

（2）学生学习的能力受到挑战。传统教育中，学生接受的知识有限，复杂程度不高，学习资源偏少，学生只需对固定的知识进行学习和思考。但在“互联网＋”时代，全球的知识相互交融同时复杂度提升，知识和信息量更是井喷式增长，不断地推陈出新。在这种状况下，学生如何在庞杂的信息海洋中筛选出对其有用的知识就成了决定学习效果的重要因素，同时也对学习的自主性和自制力提出了更高的要求。而对于传统教育下，长期接受家长和老师的监督指导，对于知识的接受和辨别能力不强，在学习过程中始终扮演被动角色的学生，无疑将面临一场严峻的挑战。

在互联网的冲击下，学生的学习逐渐碎片化，即：学习的知识不再有体系化和完整性，而变成了无序、独立、零散的知识点。学习碎片化，使得学生选择性增多，学习缺乏专注性并且由于选择面太广缺乏深入理解。学习的时间和内容变得零散化，很容易使学习的人疲于思考，对于知识的加工产生惰性；本来零碎的内容更是缺乏关联，无法形成知识体系，学习的深度就缺乏了保障。在“互联网＋教育”之中，如何将这些零碎化的知识，根据个人不同的需求进行整合加工，结合固有的知识体系，形成个性化的完整的体系化的知识，是当下学生需要面临的另一重大的挑战。

1.3 手机与高校课堂

随着移动互联网及相关技术的快速发展，移动客户端已经成为信息化时代的重要载体和标志。手机，特别是智能手机，已不单单只是通信工具，其带来的便捷与移动互联体验正改变着人们的行为方式和生活习惯。大学生作为流行文化的代表，处在移动信息化时代的最前沿。相关数据表明：高校学生人均手机拥有率几乎为100％。高校校园也自然成为移动信息化的前沿阵地，手机进入课堂已成为不可阻挡的趋势。但是，强大的手机功能也为传统大学教学提出了新的挑战：手机通信分散课堂注意力、手机游戏转移学生上课兴趣等新兴问题使手机成为影响教师讲课效果的“罪魁祸首”。是“疏”还是“堵”已成为学校及社会关注的热点问题。

早期手机进入大学课堂受到了学校的强烈抵制。“让手机远离课堂”“放下手机专注课堂”等倡议活动的开展将课堂教学与手机的使用对立起来。但是，形成于工业革命时期的现代大学教育对信息时代典型代表（手机）的“围堵”并没有产生良好的效果：一边是传统教育模式对课堂圈定的重重限制，另一边是网络世界的“无限”自由；一边是老师认为使用手机降低了学生课堂学习热情，另一边是学生认为现行的教学模式在移动信息时代显得过于单一。某种程度而言，手机对教师和传统课堂的挑战，实质上是移动互联网对传统教学模式的挑战。在信息化发展浪潮下，互联网已成为信息与知识的主要载体，网络的核心特征是互联互通和信息共享，其实这一点与教育的目的并不冲突。随着人们与手机的关系日益密切，互联网与课堂教学的融合逐渐走入大学课堂。如何让手机成为课堂教育

的助手，使传统教学模式改革搭上移动技术迅猛发展的顺风车，成为大学课堂教育改革的一个前沿方向。

目前国内外学者已逐步认识到互联网进课堂的重要性，并进行了一定的尝试。在国外，Najmul Hasan 等人通过研究发现，移动学习的发展极大地改变了在线教学和学习过程，智能手机使用户之间可以实时对话，延迟时间谈话和接受指导教学。Goldberg Mary 等认为互联网为课堂提供了一个互动、移动、快捷的概念性框架，为学生提供了更多的物理空间，根据他们的学习风格、偏好和学习能力提供建议和提醒学生，并允许他们提出学习相关的请求，增强学习效果。在国内，范志刚等探讨了在大学课堂教学中构建手机信息化的教学模式，在促进学生合理利用现有资源进行学习的同时，纠正学生课堂玩手机的不良行为。程志等将增强现实技术应用到智能手机上，创建移动情境学习，游戏模拟体验式学习，增强学生学习热情。但是多数学者只是将以往的教育资源网络化、移动化，并未充分考虑利用网络对课堂教学进行信息交互，以及大批量存储和分析数据的需求。

因此，打造更为全面的移动互联系统，将互联网与传统高校教学、管理、服务深度融合，利用新的技术形态、数据形态、组织形态与关系形态，实现对传统大学课堂教学的重塑，力求实现从封闭课堂向开放课堂转变、从灌输课堂向互动课堂转变；才能真正推动教学模式多样化、课程考核过程化、教学资源网络信息化，才能真正实现教学的现代化。这既是“互联网＋教育”对当下大学教育的要求，也是本书所要实现的目标。

第 2 章　研究院校介绍以及研究目标与内容

2.1　研究院校介绍

2.1.1　华北水利水电大学简介

本研究成果主要服务于华北水利水电大学的课堂教学，现已全面应用于该校测绘与地理信息学院人文地理与城乡规划系的日常教学中。

华北水利水电大学占地面积 2336 亩，学校建有花园校区（河南省郑州市北环路 36 号）和龙子湖校区（河南省郑州市金水东路 136 号），是水利部与河南省共建、以河南省管理为主的高校，是河南省重点支持建设的骨干高校，是“金砖国家网络大学”中方高校牵头单位。

学科专业布局合理。经过 67 年的建设与发展，学校已成为以水利电力为特色，工科为主干，理、工、管、农、经、文、法、艺等多学科协调发展的综合性大学。现有 64 个全日制本科专业，包括 9 个国家级、省级卓越计划建设专业，15 个国家级、省级综合改革试点专业，17 个国家级、省级特色专业建设点。拥有 14 个省级一级重点学科，3 个博士学位授权一级学科，19 个博士学位授权二级学科，19 个硕士学位授权一级学科，10 个专业硕士学位类别，17 个硕士专

业学位授权点。

人才培养成绩斐然。现有全日制在校本科生和硕士、博士研究生、留学生 31000 余人。建校以来，学校为国家培养了近 20 万名高级专业技术人才和管理人才，包括国家部委部长、武警水电部队将军和省部级领导近 20 名，全国道德模范获得者吴新芬，第五届全国道德模范提名奖、全国优秀大学生、全国优秀共青团员等十余项荣誉称号的孟瑞鹏，“雨果奖”获得者作家刘慈欣，组建“中国蓝天救援队”的安少华等各领域杰出校友，彰显了学校“下得去，吃得苦，留得住，用得上，干得好”的人才培养特色。

师资队伍不断壮大。着力实施人才强校战略，加大师资队伍建设力度，特聘中国工程院院士王复明、王浩、周丰峻、王光谦、夏军等为我校双聘院士。学校现有教职工 2111 人，其中专职教师 1564 人，具有正高级职称教师 215 人，具有博士学位教师 647 人。国家百千万人才工程入选者 2 人，国家“千人计划”外国专家 1 人，全国模范教师 3 人，省优秀专家、省学术技术带头人、省级教学名师、模范教师和优秀教师 42 人。

2.1.2 教研室情况介绍

人文地理与城乡规划系隶属于测绘与地理信息学院。测绘与地理信息学院开办有测绘工程、人文地理与城乡规划和地理信息科学三个本科专业，现有教职员工中享受国务院政府津贴专家 1 人，博士 37 人，教授 7 人，副教授 21 人。学院拥有地理学一级学科硕士点、地理学省级重点学科和大型工程环境灾变监测河南省工程实验室，拥有河南省创新型科技团队和“地理学”省级重点学科。建有测绘与空间信息实验中心、“3S”开发与应用研究所、形变与环境灾害监测研究中心、大型结构与工程精密测量技术研究所和中原城市群资源环境与区域发展研究中心。与郑州新图信息科技股份有限公司合作，建有“三维 GIS 应用与智能监测河南省工程实验室”；与河南科学院地理所合作、与中华人民共和国水利部黄河水利委员会合作，建有华北水利水电大学研究生教育创新（联合）培养基地。广州中海达卫星导航技术股份有限公司设有专业奖学金。

人文地理与城乡规划系成立于 2013 年，其前身是 2003 年成立的资源环境与城乡规划教研室，目前拥有专任教师 14 人，其中教授 3 人，副教授 5 人；具有博士学位教师 12 人；硕士生导师 7 人。具有一年以上海外留学经历教师 4 人。大多在国内外一流高校或科研机构取得博士学位，如中国科学院、浙江大学、南京大学、中国地质大学、西北农林科技大学、瑞士巴塞尔大学及日本立正大学等。

在本科人才培养方面，人文地理与城乡规划专业（原“资源环境与城乡规划管理专业”），学制四年，毕业授于理学学士学位。主要培养具备地理学、区域与城乡规划、土地规划等方面的基础理论与方法，以及计算机、GIS 和规划制图等基本技能，使学生具有科学思维和综合分析解决问题的能力，能在政府管理部门、企事业单位和科研院所等，从事城乡与区域规划、土地利用规划、环境规划与整治、水土保持规划等工作的高素质应用型专业人才（图 2－1）。2007 年以来，该专业为社会培养了 500 余名在省内外从事城乡规划设计、土地规划与整治、资源开发与环境保护等工作的专业技术和管理人才。毕业生考研率保持在 30%左右，录取院校有浙江大学、南京大学、中山大学、武汉大学、北京师范大学、南京师范大学、中国地质大学、华东师范大学、郑州大学、河南大学等，该专业部

分毕业生选择读博深造，博士毕业后在高校或科研院所从事科研和教学工作。

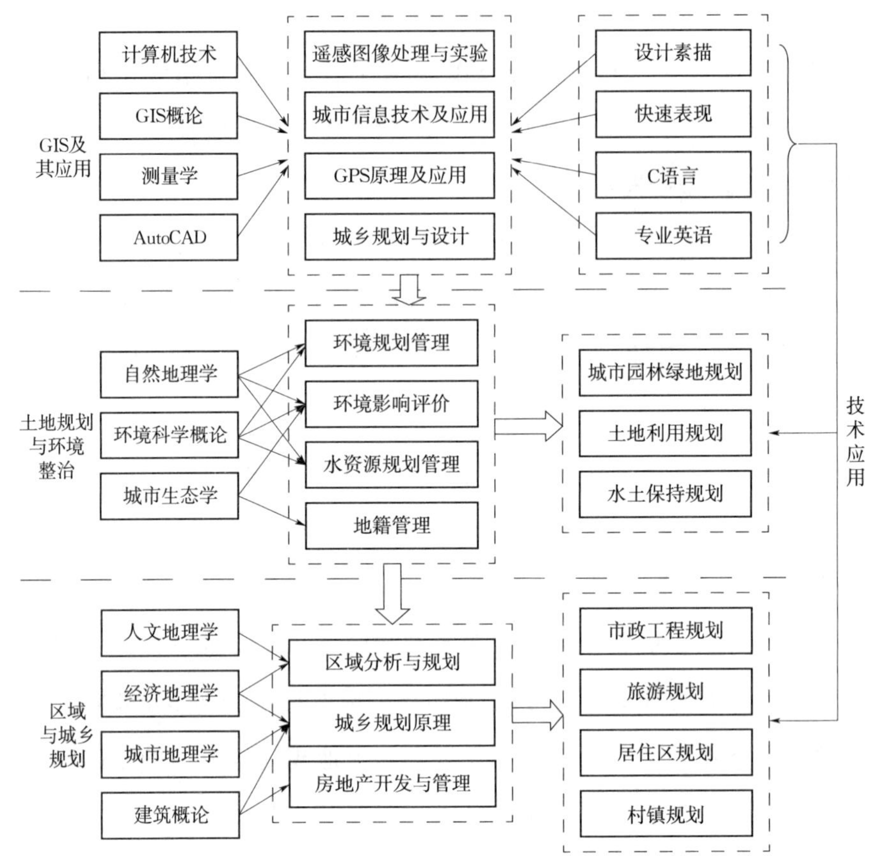

图 2-1　人文地理与城乡规划专业课程体系

2.1.3　研究背景

2017 年召开的华北水利水电大学本科教学工作会议，以“坚守立德树人根本任务，奋力创建一流本科教育”主题，明确提出：坚持立德树人根本任务，充分发挥专业建设统领作用、基层教学组织基础作用和师资队伍关键作用，努力创建一流本科教育，持续提升人才培养质量；始终坚持创新驱动，全面深化教育教学改革。

关于鼓励课堂教学模式改革方面，会议重点指出：全面实施《课堂教学质量提升计划》，力争实现教师发展团队化、课堂教学小班化、教学模式多样化、课程考核过程化、教学资源网络信息化、学科前沿知识课堂化。鼓励教师课堂教学模式、课程考核模式创新，积极探索启发式、探究式、讨论式、参与式等新型教学方法和教学手段的应用，力求实现从封闭课堂向开放课堂转变、从灌输课堂向互动课堂转变、从知识课堂向能力课堂转变、从句号课堂向问号课堂转变。

2.2 研究目标与主要内容

2.2.1 研究目标

(1) 以“互联网＋教育”思维为基础，以服务华北水利水电大学课堂教学为目的，使传统教学模式改革搭上移动技术发展顺风车，力求实现教育教学新突破。

(2) 建立手机端操作系统，实现教学资源网络信息化，协助教师课堂教学模式、课程考核模式创新，为教学模式多样化、课程考核过程化提供工具基础。

(3) 利用手机移动端辅助课上教学，实现课上快速点名、试题结果统计汇总等功能，帮助教师找到提高教学实效性的最佳教育方式与策略。

(4) 基于手机端建立更加快捷、有效的师生沟通机制，建立通讯录、课程校历显示、调查问卷等实用功能。

(5) 根据移动端收集的所有数据，生成各种相关图表，分析各类教学过程，掌握班级所有学生课堂听讲和做题状况，评价学生日

常成绩，辅助教师教学改革。

2.2.2 研究主要内容

(1) 设计、开发移动信息化的教学工具。以微信为平台，开发服务于课堂教学的公众号——“华水云课堂”移动教学助手。其主要功能包括：以专业课程为单位创建云课堂，上传和下载课堂资源，学生管理，手机签到，投票问卷，讨论答疑，测验及数据分析等。并基于上述基本功能，进一步完善该系统的大数据存储和分析能力，服务教师和学院大数据统计。

(2) “华水云课堂”的完善与应用。研究主体为华北水利水电大学师生。在公众号公测阶段，首先在测绘与地理信息学院人文地理与城乡规划系进行小范围应用，改进公众号、完善相关功能；然后在大范围推广过程中，服务师生，有针对性地添加指定模块，提高服务质量。

第3章 “华水云课堂”系统概要设计

3.1 系统设计思路

“华水云课堂”移动教学助手是基于微信公众平台，以单门课程为单位，服务于华北水利水电大学课堂教学的服务类公众号，使任课教师能够在任何移动设备上轻松管理自己的云课堂，掌握学生日常学习动态、发送课堂公告、分享各种资源、开展教学互动。因此，系统主要分为教师入口（教师端）和学生入口（学生端），不同使用者进入系统，将根据注册信息自动分配相应权限。

“华水云课堂”教师端是系统的核心。教师作为课堂中传播知识的角色，主要设计功能包括：学生管理、点名签到、课堂答题、随堂测试、调查问卷等。学生是课堂知识传授的接收者，因此“华水云课堂”学生端的功能一般定位为教师端信息的接收者，并对教师主动进行的点名签到、课堂答题、随堂测试、调查问卷等课堂活动进行信息反馈，系统将结果分析、汇总后即时发送至教师端，教师适时调整教学进度与方法，从而达到辅助教学的目的。

“华水云课堂”技术路线如图3-1所示，箭头的方向表明了具体计划实施的顺序。

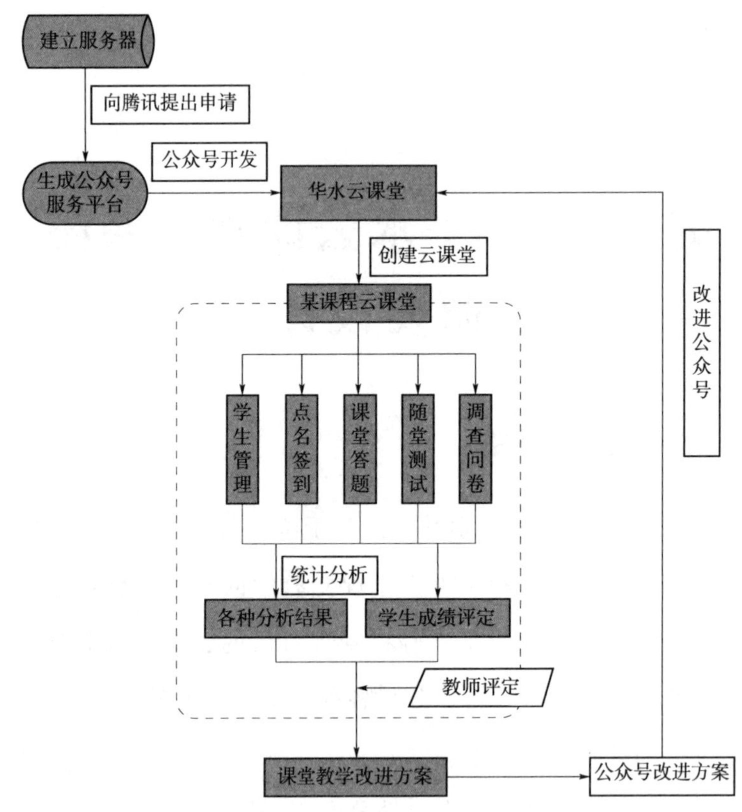

图 3-1 “华水云课堂”技术路线

3.2 微信公众平台

1. 平台简介

微信是一款跨平台的通信工具，其支持单人、多人参与，通过手机网络发送语音、图片、视频和文字。微信公众平台，简称公众号，其中的公众平台服务号，是公众平台的一种账号类型，旨在为用户提供服务。它为企业和组织提供更强大的业务服务与用户管理能力，主要偏向服务类交互。随着微信的快速发展和广泛应用。国内越来越多的政府部门和企事业单位开通了微信公众平台服务号，积极地利用微信发布信息、提供服务、沟通交流、引导舆论等。在新媒体环境下，微信也逐渐涉足教育领域，让用户能够通过手机、平板电脑等移动设备随时随地方便地学习。在一定程度上颠覆了传统意义上的学习形式，激发了学习者的学习兴趣，提高了学习者的学习效率和学习效果。

微信可以给人带来三种类型的满足感：内容满足感、社会满足感和快乐满足感。内容满足感是指提供高质量的信息和信息共享，社会满足感是指私人社交网络和沟通便利，快乐满足感是指娱乐和传递时间的满足。

2. 微信公众号相对手机 APP 的优势

微信公众号相对手机 APP 具有以下优势：

（1）微信公众号轻巧、灵活、开发成本低，并且具有天然的营销入口，推广相对容易，推广成本也相对低廉。

（2）微信公众号接口正在被逐步开放，功能也在日益增加，逐渐成熟的微信功能让企业、政府职能等通过微信推广具有更多优势。

（3）微信公众号现在已经成为移动端的重要入口之一。相对于手机 APP，微信服务号具有无需重复注册、无需下载新软件、仅需二维码就能快捷加入的优点，突破了不同手机系统的限制，简化了云课堂建立的时间。

（4）微信是一个巨大的社交平台。至今，微信用户数量已超 6 亿，活跃用户 2.7 亿。用户基于习惯性操作的使用频率较高，拥有大量的可盘活用户资源。

3. 开发概述

微信公众平台是运营者通过公众号为微信用户提供资讯和服务的平台，而公众平台开发接口则是提供服务的基础。微信公众平台

为了识别用户，每个用户针对每个公众号会产生一个安全的OpenID，如果需要在多公众号、移动应用之间做用户共通，则需前往微信开放平台，将这些公众号和应用绑定到一个开放平台账号下，绑定后，一个用户虽然对多个公众号和应用有多个不同的OpenID，但他对所有这些同一开放平台账号下的公众号和应用，只有一个UnionID，可以在用户管理—获取用户基本信息（UnionID机制）文档了解详情。

3.3 公众号服务提供方式

1. 公众号消息会话

公众号是以微信用户的一个联系人形式存在的，消息会话是公众号与用户交互的基础。目前公众号内主要有如下几类消息服务的类型，分别用于不同的场景：

（1）群发消息。公众号可以以一定频次（服务号为每月4次），向用户群发消息，包括文字消息、图文消息、图片、视频、语音等。

（2）被动回复消息。在用户给公众号发消息后，微信服务器会将消息发到开发者预先在开发者中心设置的服务器地址，公众号可以在5秒内做出回复，可以回复一个消息，也可以回复命令告诉微信服务器这条消息暂不回复。被动回复消息可以设置加密。

（3）客服消息。在用户给公众号发消息后的48小时内，公众号可以给用户发送不限数量的消息，主要用于客服场景。用户的行为会触发事件推送，某些事件推送是支持公众号据此发送客服消息的，详见微信推送消息与事件说明文档。

（4）模板消息。在需要对用户发送服务通知（如刷卡提醒、服务预约成功通知等）时，公众号可以用特定内容模板，主动向用户发送消息。

2. 公众号内网页

公众号内网页的开发与设计是本书的重点。在许多复杂的业务场景中，都需要通过网页形式来提供服务。

（1）网页授权获取用户基本信息：通过该接口，可以获取用户的基本信息（获取用户的OpenID是无需用户同意的，获取用户的基本信息则需用户同意）。

（2）微信JS-SDK：开发者在网页上通过JavaScript代码使用微信原生功能的工具包，开发者可以使用它在网页上录制和播放微信语音、监听微信分享、上传手机本地图片、拍照等许多功能。

3.4 运行开发环境

（1）网络环境：Microsoft server 2016。

（2）客户端：采用html、JavaScript、JQuery、css、layer框架。

（3）服务端：采用.net vb开发。

（4）开发工具：Microsoft Visual Studio 2015。

（5）数据库：Sql Server2008。

（6）服务器配置：

1）CPU：4核。

2）内存：4GB。

3）带宽：6Mbps。

4）硬盘：40G系统盘+160G数据盘。

5）IP地址：1个独享IP。

6）操作系统：Window 2008 R2 64-bi。

3.5 “华水云课堂”界面特色

系统界面是系统面向操作者专门设计的用于操作使用及反馈信息的指令部分。值得注意的是，“华水云课堂”的系统界面外观没有遵循软件市场一贯的“小巧、简约、隐藏”的风格，而是将课堂教学相关功能如电视遥控器般全部罗列出来，按钮形状偏大，如图3-2～图3-4所示。其主要原因：①非隐藏式的设计减少了教师操作的步骤，同时较大的按钮保证了讲课的过程中低头使用手机，也能迅速锁定位置；②笔直的线条和蓝色的背景，更加符合华北水利水电大学工科师生的审美和“情系水利”的学校特色。

图3-2　华水云课堂主界面

图3-3　云课堂列表界面

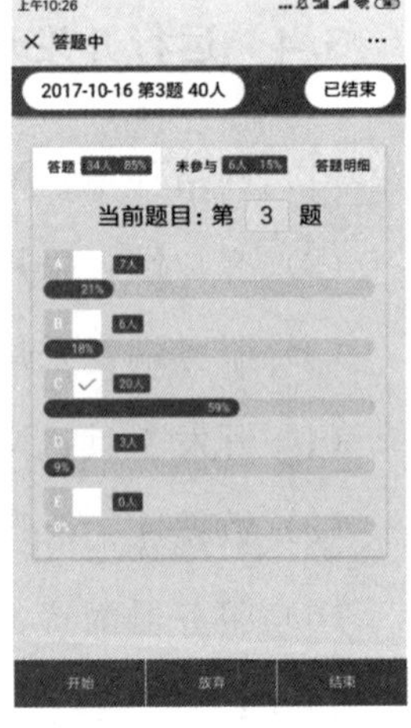

图3-4　云课堂历史答题界面

第4章　教师云课堂相关功能实现

教师云课堂是华水云课堂最核心的功能，位于公众号的“云课堂”按钮中，点击其中的“教师云课堂”即可进入，主要用于辅助教师课堂教学。其主要功能包括：教师注册、课堂列表、课堂详情、点名签到、课堂答题、随堂测试和问卷调查等。

4.1　教师注册

当教师关注“华水云课堂”公众号后，第一次点击“教师云课堂”，首先进入教师注册界面（图4-1）。教师注册信息根据华北水利水电大学教师相关信息设定，系统将对注册信息进行保存，并分配相应的权限。

图4-1　教师注册界面

“教师注册”主要功能包括：所在院系、专业输入；姓名、工号输入；手机号输入；密码设置和确认。

1. 所在院系、专业输入

通过下拉菜单选择。当教师选择专业后，所在学院随即确定，学院可通过PC端管理该教师全部信息，教研室主任可查看该教师所上课程。若教师所在专业教研室名称发生变化，学院管理PC端可随时修改名称，无需教师手工录入。若教师所在学院或专业发生变化，则教师可进行更改。

2. 姓名、工号输入

教师通过手工将姓名和工号录入系统。其中华北水利水电大学内部，教师工号是唯一的。同时，该工号也是登录PC端的用户名。若出现他人恶意注册的情况，学院管理PC端可随时对相关人员进行删除，方便教师找回信息。

3. 手机号输入

手机号的输入主要是建立校内的通讯录。根据教师个人意愿可选择：院内教师可见（即系统根据注册时用户所选学院，判定相同学院教师有资格查看号码，该选项为必选）、校内教师可见、院内师生可见和校内师生可见四个选项。

4. 密码设置和确认

通过微信进入“华水云课堂”手机端无需输入密码，因为使用微信已确认身份，系统确认其微信身份，即可对应相关教师信息。该处密码为PC端登录密码。由于PC端使用频率比手机端低，因此若忘记密码可通过手机端密码设置找回或重新设置密码。

服务端代码

```
Function reg(f As JObject) As String
```

```
msg = ""
If f("pass").ToString <> f("pass1").ToString Then
    msg = "两次密码不相同!"
    GoTo err
End If
'检验工号是否存在
sql = "select * from userinfo where bh = ?"
msg = webapi.sqlhelp2(sql, {f("bh").ToString})
Dim rs As JObject
rs = JObject.Parse(msg)
If rs("msg").ToString = "true" Then
    msg = "该工号已存在!"
    GoTo err
End If
'添加教师信息
sql = "insert into userinfo (yx, username, bh, phone, pass, type, openid, cjrq, xnkj, jys, ynkj1, xnkj1) values (?,?,?,?,?,'教师',?, getdate(),?,?,?,?)"
msg = webapi.sqlhelp2(sql, {f("xy").ToString, f("username").ToString,f("bh").ToString,f("phone").ToString,webapi.md5(f("pass").ToString,32),openid,f("xnkj").ToString,f("jys").ToString,f("ynkj1").ToString,f("xnkj1").ToString})
rs = JObject.Parse(msg)
If rs("msg").ToString = "true" Then
    msg = "注册成功"
Else
    msg = "注册失败"
```

```
End If
err:
Return msg
End Function
```

客户端代码

```
<!DOCTYPE html>
<html>
<head>
  <meta http-equiv = "Content-Type" content = "text/html; charset = utf-8" />
  <meta name = "viewport" content = "width = device-width, initial-scale = 1,maximum-scale = 1" />
  <script src = "../../../layuiadmin/layui/layui.js"></script>
  <link href = "../../../layuiadmin/layui/css/layui.css" rel = "stylesheet" />
  <link href = "../../../layuiadmin/css/demo.css" rel = "stylesheet" />
  <script src = "../../../layuiadmin/config.js? t = 123456"></script>
  <title>教师注册</title>
  <meta charset = "utf-8" />
  <style>
form {background-color: #fff;box-shadow:2px 2px 3px #aaaaaa;}
  </style>
  <script>
```

```
var form,layer,element,table,upload,$ ;
var t = 1000;
var flot_reg = false;
layui.use(['form','layer','element','table','upload',"jquery"],
function () {
    form = layui.form;
    layer = layui.layer;
    element = layui.element;
    table = layui.table;
    upload = layui.upload;
    $ = layui.$ ;
    check(0);
    getxy();
    form.on('submit(reg)',function (data) {
if (flot_req == false) {
    flot_reg = true;
    layer.load();
    if (data.field.hasOwnProperty("xnkj") == false) {
data.field.xnkj = "";   }
    if (data.field.hasOwnProperty("ynkj1") == false) {
data.field.ynkj1 = "";   }
    if (data.field.hasOwnProperty("xnkj1") == false) {
data.field.xnkj1 = "";   }
    field = JSON.stringify(data.field);
    $.post(ashx_wx,{ "method":"reg","field":field },function
(date) {
if (date == "注册成功") {
```

```
        layer.msg(date,{ time:t },function () { window.location.replace("
ktlb.html"); });}
      else {
        layer.msg(date,{ time:t },function () {
      flot_reg = false;
      layer.closeAll('loading');  });  }    });  }
      else {
        layer.msg("请勿频繁操作!",{ time:t });  }
      return false; //阻止表单跳转。如果需要表单跳转,去掉这段即可。
        });
        form.on('select(xy)',function (data) {
        getjys(data.value);
        });  });
      function getxy()
      {   $("#xy").empty();
         $.post(ashx_wx,{ "method":"getxy1" },function (date) {
      if (date != "")
      {   $("#xy").append(date);
        getjys($("#xy").val());
         $("#xy").append("<option value='0'>无</option>");  }
      else
      {  layer.msg("获取院系列表失败!",{ time:t });  }
      form.render();  });  }

      function getjys(a) {
         $("#jys").empty();
         $.ajaxSettings.async = false;
```

```
        $.post(ashx_wx,{ "method":"getjys1","xy":a },function (date) {
    if (date != "") {
        $("#jys").append(date);
        $("#jys").append("<option value='0'>无</option>");  }
    else {
        $("#jys").append("<option value='0' selected=''>无</
option>");  }
    form.render();  });
        $.ajaxSettings.async = true;  }
    </script>
  </head>
  <body>
    <div class="logo">
  <span>华北水利水电大学</span>
    </div>
    <form class="layui-form layui-form-pane" lay-filter="form">
  <div class="layui-form-item">
    <label class="layui-form-label">院系:</label>
    <div class="layui-input-block">
  <select name="xy" id="xy" lay-filter="xy">
  </select>
    </div>
  </div>
  <div class="layui-form-item">
    <label class="layui-form-label">专业:</label>
    <div class="layui-input-block">
  <select name="jys" id="jys">
```

```
</select>
    </div>
</div>
<div class = "layui-form-item">
    <label class = "layui-form-label">姓名:</label>
    <div class = "layui-input-block">
<input type = "text" name = "username" autocomplete = "off" lay-verify = "required" placeholder = "请输入姓名" class = "layui-input">
    </div>
</div>
<div class = "layui-form-item">
    <label class = "layui-form-label">工号:</label>
    <div class = "layui-input-block">
<input type = "number" name = "bh" autocomplete = "off" lay-verify = "required|number" placeholder = "请输入工号" class = "layui-input">
    </div>
</div>
<div class = "layui-form-item">
    <label class = "layui-form-label">手机号:</label>
    <div class = "layui-input-block">
<input type = "number" name = "phone" lay-verify = "required|phone|number" autocomplete = "off" placeholder = "请输入手机号" class = "layui-input" lay-filter = "phone">
    </div>
</div>
<div class = "layui-form-item">
    <label class = "layui-form-label">通讯录可见</label>
```

```
<div class = "layui-input-block">
<input type = "checkbox" name = "ynkj" title = "院内教师可见" checked = "" disabled = "" lay-skin = "primary">
<input type = "checkbox" name = "xnkj" title = "校内教师可见" lay-skin = "primary">
<input type = "checkbox" name = "ynkj1" title = "院内学生可见" lay-skin = "primary">
<input type = "checkbox" name = "xnkj1" title = "校内学生可见" lay-skin = "primary">
</div>
</div>
<div class = "layui-form-item">
<label class = "layui-form-label">密码:</label>
<div class = "layui-input-block">
<input type = "password" name = "pass" autocomplete = "off" lay-verify = "required" placeholder = "请输入密码" class = "layui-input">
</div>
</div>
<div class = "layui-form-item">
<label class = "layui-form-label">确认密码:</label>
<div class = "layui-input-block">
<input type = "password" name = "pass1" autocomplete = "off" lay-verify = "required" placeholder = "请再次输入密码" class = "layui-input">
</div>
</div>
<div class = "layui-form-item" style = "text-align:left;">
```

```
    <label >PC 端网址: http://ykt.haflsoft.top/views/admin/</
label>
  </div>
  <div class="layui-form-item" style="text-align:center;">
    <input lay-submit lay-filter="reg" value="立即注册" class="
layui-btn layui-btn-normal layui-btn-radius" style="width:60%;" />
  </div>
    </form>
  </body>
  </html>
```

4.2 课堂列表

当教师首次注册完成后，再次点击“教师云课堂”，进入教师端课堂列表界面，如图 4-2 所示。该界面主要对课程进行管理，方便教师对所教课程进行操作。

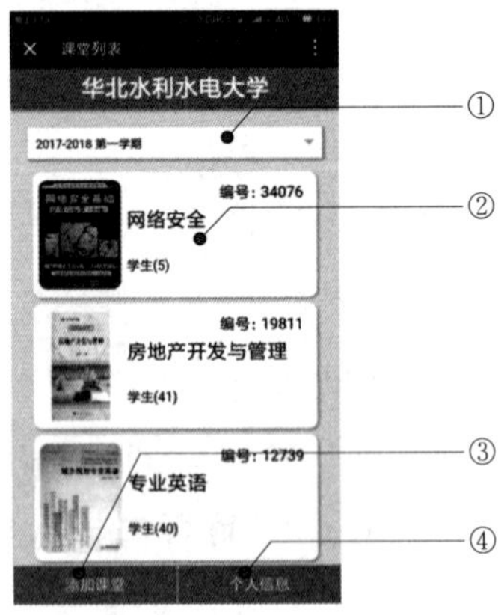

图 4-2 教师端课堂列表界面

客户端代码

```
<!DOCTYPE html>
```

```
<html>
<head>
    <meta http-equiv = "Content-Type" content = "text/html; charset
= utf - 8" />
    <meta name = "viewport" content = "width = device - width,initial
- scale = 1,maximum - scale = 1" />
    <link href = "../../../layuiadmin/layui/css/layui.css" rel = "
stylesheet" />
    <link href = "../../../layuiadmin/css/demo.css" rel = "
stylesheet" />
    <script src = "../../../layuiadmin/layui/layui.js" ></
script>
    <script src = "../../../layuiadmin/config.js"></script>
    <title>课堂列表</title>
    <meta charset = "utf-8" />
    <style>
  .xq {  box-shadow:2px 2px 3px #aaaaaa;  }
  /*课堂详情*/
  .li {  width:92%;
    height:128px;
    background-color:#ffffff;
    margin:2%;
    border-radius:10px;
    padding:10px 2%;
    box-shadow:2px 2px 3px #aaaaaa;  }
    .li > a {
  display:block;
```

```
width:100%;
height:100%; }
.li > a > .left {
  float:left;
  width:30%; }
img { width:100%;
  height:128px;
  border-radius:10px; }
.li > a > .right { float:left;
  width:65%;
  padding:2%; }
.right > .s1 { height:18px;
  line-height:18px;
  clear:both;
  font-size:18px;
  margin-bottom:10px;
  text-align:right; }
.right > .s2 { height:48px;
  line-height:24px;
  font-size:24px;
  margin:10px 0px; }
.right > .s3 { height:16px;
  line-height:16px;
  font-size:16px; }
.footer .footer_menu > li { width:50%; }
  </style>
  <script>
```

```
var form,layer,element,table,upload, $ ;
var t = 1000;
var flot = false;
var xq;
layui.use([' form ',' layer ',' element ',' table ',' upload '," jquery"],
function () {
    form = layui.form;
    layer = layui.layer;
    element = layui.element;
    table = layui.table;
    upload = layui.upload;
    $ = layui.$ ;
    check(1);
    getxq();
    //监听 select 改变事件
    form.on('select(xq)',function (data) {
xq = data.value;
get_kt_list()  });  });

function getxq()
{   $ ("#xq").empty();
  $ . post(ashx_wx,{ "method":"getxq" },function (date) {
if (date ! = "")
{   $ ("#xq").append(date);  }
else
{   layer.msg("获取学期列表失败!",{ time:t });  }
form.render();
```

第4章 教师云课堂相关功能实现

```
xq = $("#xq").val();
get_kt_list()  });  }

function get_kt_list() {
  layer.load();
  $("#list").empty();
  $.post(ashx_wx,{ "method":"get_kt_list","xq":xq },function
(date) {
if (date != "") {  $("#list").append(date);  }  });
  layer.closeAll('loading');  }
  </script>
</head>
<body>
  <div class = "logo" >
<span>华北水利水电大学</span>
  </div>
  <form class = "layui-form" action = "">
<div class = "layui-form-item xq" >
<select id = "xq"  lay-filter = "xq">
</select>
</div>
<div id = "list">
<!--<div class = "li"><a href = "register1.html">
   <div class = "left">
<img src = "img/kt/1111.jpg" alt = "Alternate Text" />
   </div>
   <div class = "right">
```

```
<div class="s1"> <span>编号:9527 </span> </div>
<div class="s2"> <span>按时大还是觉得哈时间快 </span>
</div>
<div class="s3"> <span>学生(10) 班级(2)</span></div>
   </div>
  </a></div>-->
</div>
  </form>
  <div class="footer">
<ul class="footer_menu">
  <li><a href="xq.html" >添加课堂</a></li>
  <li><a href="grxx.html">个人信息</a></li>
</ul>
  </div>
</body>
</html>
```

4.2.1 学期选择

"华水云课堂"保留了注册教师各学期所上的全部课程。课堂列表首页中显示的为当前学期该教师所上课程，如图 4-2 中"①"所示。如果需要查询以往学期，可通过下拉菜单进行选择。

服务端与客户端代码十分简单，在此不再赘述。

4.2.2 课堂选择

根据教师每学期承担的教学任务与课堂使用手机习惯（往往双眼离屏幕较远），"课堂选择"图标较大。图 4-2 中"②"显示了教师该学期所有课程，内容包括：封面、课程名称、课程编号和学生人数，教师通过点击该图标进入课程。

服务端代码

```
'获取课堂列表
Function get_kt_list(xq As String) As String
sql = "select bh,fm,kc,(select COUNT(*) xs from kt_user b where b.ktbh = a.bh) xs from ktxx a where xq = @xq and userid = @userid and zt = '进行中'"
Dim html As String
html = "<div class = ""li""><a href = ""ktxq.html? bh = {0}"">" &
"<div class = ""left""><img src = ""../../../{1}"" alt = ""Alternate Text"" /></div>" &
"<div class = ""right"">" &
"<div class = ""s1""> <span>编号:{0} </span> </div>" &
"<div class = ""s2""> <span>{2}</span> </div>" &
"<div class = ""s3""> <span>学生({3})</span></div>" &
"</div></a></div>"
Return webapi.sqlhelp1 (sql, {"@xq," + xq,"@userid," + openid},"html",html)
End Function

'获取课堂列表1
Function get_kt_list1(xq As String) As String
sql = "select bh,fm,kc,(select COUNT(*) xs from kt_user b where b.ktbh = a.bh) xs from ktxx a where xq = @xq and bh in(select ktbh from kt_user where userid = @userid)"
Dim html As String
html = "<div class = ""li""><a href = ""ktxq.html? bh = {0}"">" &
```

```
"<div class = ""left""><img src = ""../../../{1}"" alt = ""Al-
ternate Text"" /></div>" &
"<div class = ""right"">" &
"<div class = ""s1""> <span>编号:{0} </span> </div>" &
"<div class = ""s2""> <span>{2}</span> </div>" &
"<div class = ""s3""> <span>学生({3})</span></div>" &
"</div></a></div>"
Return webapi.sqlhelp1 ( sql, { " @ xq," + xq," @ userid," +
openid},"html",html)
End Function

'获取课堂列表 2
Function get_kt_list2(xq As String) As String
sql = "select bh,fm,kc,(select COUNT( * ) xs from kt_user b where
b.ktbh = a.bh) xs from ktxx a where xq = @xq and userid = @userid and zt
= '进行中'"
Dim html As String
html = "<div class = ""li""><a href = ""ktxq_pc.html? bh = {0}"">" &
"< div class = "" left"" >< img src = ""../../{1}"" alt = ""
Alternate Text"" /></div>" &
"<div class = ""right"">" &
"<div class = ""s1""> <span>编号:{0} </span> </div>" &
"<div class = ""s2""> <span>{2}</span> </div>" &
"<div class = ""s3""> <span>学生({3})</span></div>" &
"</div></a></div>"
Return webapi.sqlhelp1 ( sql, { " @ xq," + xq," @ userid," +
openid},"html",html)
```

End Function

4.2.3 添加课堂

点击“添加课堂”（图 4-2 中“③”），教师可以新增一门课程，教师端添加课堂界面如图 4-3 所示。该界面主要包括 7 大功能。

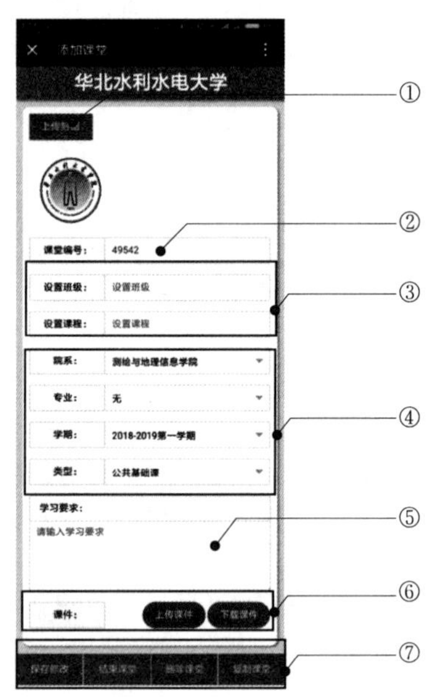

图 4-3　教师端添加课堂界面

1. 上传封面

当创建一门新课程时，系统默认封面为华北水利水电大学的校徽，如图 4-3 中“①”所示。点击“上传封面”按钮，可在本地相册、拍照和文件夹中查找的方式选择合适的图片作为封面。由于每学期每位教师所教科目不止一门，而学生学习课程更多，为方便师生快速锁定当前课程，系统建议以课程教材封面作为课堂封面上传。当上传完成后，系统会自动压缩图片大小，以减少师生每次加载图片的流量，提高打开云课堂的速度。

2. 课堂编号

课堂编号为“华水云课堂”系统中的唯一编号，学生可通过输入该编号加入相应课堂，如图 4-3 中“②”所示。为避免教师在设置编号时与他人出现重复，课堂编号为系统随机产生的唯一值，除系统管理员外，其他人不能修改。

3. 设置班级和课程

班级和课程设置的主要作用是为任课教师提供备注，如图 4-3 中“③”所示。尤其对公选课教师而言，课堂中往往包含多个行政班级，有效的备注方便教师归纳整理。

4. 课程信息选择

课程信息一般包括：课程所在院系与专业，所在学期与课程类型，如图 4-3 中“④”所示。其中课程所在院系与专业通过下拉菜单选择即可。需要注意的是，此处所选的并非任课教师所属院系与专业，而是该门课程所属的院系和专业。

学期选择是确定课程所在学期。一般而言，选择项默认当前学期（由系统管理员设置），如果课程不在该学期，则可通过下拉菜单选择。

根据华北水利水电大学课程设置，教授课程一般分为：公共基础课、专业基础课和专业类选修课。每一类课程教学要求有所差异，考核方式也有所不同。教师通过系统下拉菜单选择，方便学生了解该门课程的性质。

5. 学习要求

学习要求是教师输入的一段文字性的内容，其内容可以包括：课程简介、课程重点，具体要求等，如图 4-3 中“⑤”所示，目的是更好地指导学生掌握所学课程，文字内容可随时进行更改和补充。

6. 附件上传

教师通过手机，如图 4-3 中“⑥”所示，上传、下载和删除学习资料，例如：每节课讲述的 PPT，相关知识文档，网络视频等，用以辅助课程教学。学生利用手机即可下载，通过查阅文献或观看视频，提高课程学习认知。

7. 课堂管理

课堂管理功能主要包括：保存修改、结束课堂、删除课堂和复制课堂。“保存修改”保证了课堂信息随时可以更新；当该课程结束时，教师点击“结束课堂”可指令系统归档课堂，便于统计分析；“删除课堂”便于教师删除。

“复制课堂”是“华水云课堂”后期加入的、应广大教师要求建立的重要功能。其原因是许多教师多年都从事某一门课程的教学，无论教学理念、方法以及相关附件都十分完备，每年重复性的输入十分繁琐。“复制课堂”是教师将已经授课完毕的课堂直接复制过来，修改部分信息（如上课班级等）即可完成操作。

客户端代码

```
<!DOCTYPE html>
<html>
<head>
  <meta http-equiv = "Content-Type" content = "text/html; charset = utf-8" />
  <meta name = "viewport" content = "width = device-width, initial-scale = 1,maximum-scale = 1" />
  <link href = "../../../layuiadmin/layui/css/layui.css" rel = "stylesheet" />
```

```
    <link href = "../../../layuiadmin/css/demo.css" rel = "
stylesheet" />
    <script src = "../../../layuiadmin/js/jquery-1.12.3.min.js">
</script>
    <script src = "../../../layuiadmin/layui/layui.js" ></
script>
    <script src = "../../../layuiadmin/config.js"></script>
    <title>课堂详情</title>
    <meta charset = "utf-8" />
    <style>
  form {   background-color: #fff;
    box-shadow:2px 2px 3px #aaaaaa;}
  .footer .footer_menu > li {
    width:25% ;}
    </style>
    <script>
  var form,layer,element,table,upload;
  var t = 1000;
  var fmurl = "";
  var flot_save = false;
  var flot_end = false;
  var flot_del = false;
  var bh = getUrlParam("bh");
  var tt = getUrlParam("t");
  var bz;
  layui.use(['form','layer','element','table','upload'],function () {
    form = layui.form;
```

```
        layer = layui. layer;
        element = layui. element;
        table = layui. table;
        upload = layui. upload;
        //图片上传
        var uploadimg = upload. render({ elem:'#upfm'
      ,url:ashx_fm
      ,data:{ id:'',b:'img' }
      ,before:function (obj) {
        //预读本地文件示例,不支持 ie8
        layer. load();
        uploadimg. config. data. id = bh;
        obj. preview(function (index,file,result) {
      $ ('#fm'). attr('src',result); //图片链接(base64)   });   }
      ,done:function (res) {
        fmurl = res. data. src;
        layer. msg("上传成功",{ time:t },function () { layer. closeAll('
loading'); });} });
        //上传文件
        var uploadfile = upload. render({
      elem:'#upload'
      ,url:ashx_fm
      ,data:{ id:'',b:'file' }
      ,accept:'file'
      //,exts:'doc|docx|xls|xlsx|pptx|ppt|pdf'
      ,before:function (obj) {
        uploadfile. config. data. id = bh;   }
```

```
,done:function (res) {   layer.msg(res.msg,{ time:t });   }   });
  //课件下载
  table.on('tool(down_list)',function (obj) {
var data = obj.data;
if (obj.event = = 'down1') {
  location.href = admin_path + "layuiadmin/res/file/" + data.kj;
  //layer.alert(data.kj,{ title:"公告内容" });}   });
  form.on('select(xy)',function (data) {
getjys(data.value);   });
  if (bh = = "") {bz = "add";
$("title").html("添加课堂");
fmurl = admin_path + "layuiadmin/res/img/kt/0.jpg";
$('#fm').attr('src',fmurl);
get_grxx();   }
  if (tt = = "2") {check(2);
$("#footer").hide();
$("#upfm").hide();
$("#upload").hide();
$("#delkj").hide();   }
  else {check(1);   }
  if (bh ! = "") {getktxq();   }   });

function getbh() {
  $.post(ashx_wx,{ "method":"getbh" },function (date) {
bh = date;
$("#bh").val(date);   });   }
```

```
function getxq(a) {    $ ("#xq"). empty();
    $ . post(ashx_wx,{ "method":"getxq" },function (date) {
if (date ! = "") {    $ ("#xq"). append(date);
  if (a > 0) { $ ("#xq"). val(a);  }  }
else {   layer. msg("获取学期列表失败!",{ time:t });  }
form. render();  });  }

function get_grxx() {
    $ . post(ashx_wx,{ "method":"get_grxx" },function (date) {
if (date = = "false") {   layer. msg("获取个人信息失败!",{ time:
t });}
else {   date = JSON. parse(date);
  getxy();
  getjys(date. xy);
  getbh();
  getxq();
  form. val("form",{
"xy":date. xy,
"jys":date. jys  });}  });  }

function getxy(a) {
    $ ("#xy"). empty();
    $ . ajaxSettings. async = false;
    $ . post(ashx_wx,{ "method":"getxy1" },function (date) {
if (date ! = "") {    $ ("#xy"). append(date);
  if (a > 0) { $ ("#xy"). val(a);  }
  $ ("#xy"). append("<option value = '0'>无</option>");}
```

```
    else {
      $("#xy").append("<option value='0' selected=">无</option
>");}
    form.render();  });
      $.ajaxSettings.async=true;}
    function getjys(a) {   $("#jys").empty();
      $.ajaxSettings.async=false;
      $.post(ashx_wx,{ "method":"getjys1","xy":a },function (date) {
    if (date ! = "") {   $("#jys").append(date);
      $("#jys").append("<option value='0'>无</option>");}
    else {
      $("#jys").append("<option value='0' selected=">无</
option>");}
    form.render();  });
      $.ajaxSettings.async=true;  }
    function getktxq() {
      $.post(ashx_wx,{ "method":"getktxq","bh":bh },function
(date) {
    date=JSON.parse(date);
    if (date.msg= ="false") {
      layer.msg("课堂信息不存在",{ time:t });  }
    else {
      date=date.data[0];
      fmurl=date.fm;
      $("#fm").attr('src',admin_path + fmurl);
      getxq(date.xq)
      getxy();
```

```
  getjys(date. yx);
  form. val("form",{
"bh":bh,
"bj":date. bj,
"kc":date. kc,
"lx":date. type,
"xxyq":date. xxyq,
"xy":date. yx,
"jys":date. jys  })
  bz = date. bz;  }  });  }

function getUrlParam(name) {
  var reg = new RegExp("(^|&)" + name + " = ([^&] * )(&| $ )");
//构造一个含有目标参数的正则表达式对象
  var r = window. location. search. substr(1). match(reg); //匹配目标
参数
  if (r ! = null) {return unescape(r[2]);  }
  else {return ""; //返回参数值  }  }

function save() {
  if (flot_save = = false) {
flot_save = true;
var bh = $ (" # bh"). val();
var bj = $ (" # bj"). val();
var kc = $ (" # kc"). val();
var xq = $ (" # xq"). val();
var xy = $ (" # xy"). val();
```

```
var jys = $ ("#jys").val();
var lx = $ ("#lx").val();
var xxyq = $ ("#xxyq").val();
if (bz == "end") {
  layer.msg("课堂已结束,不能操作",{ time:t });
  flot_save = false;}
if (bz == "update") {
   $.post(ashx_wx,{ "method":"updatexq","bh":bh,"bj":bj,"kc":
kc,"xq":xq,"lx":lx,"xxyq":xxyq,"fm":fmurl,"jys":jys,"xy":xy },func-
tion (date) {
layer.msg(date,{ time:t });
flot_save = false;  }); }
if (bz == "add") {
   $.post(ashx_wx,{ "method":"savexq","bh":bh,"bj":bj,"kc":kc,"
xq":xq,"lx":lx,"xxyq":xxyq,"fm":fmurl,"jys":jys,"xy":xy },function
(date) {
layer.msg(date,{ time:t });
if (date == "添加成功") {  bz = "update";}
flot_save = false;  });  }  }
  else {
layer.msg("请勿频繁操作!",{ time:t });  }}

function end() {  if (flot_end == false) {
flot_end = true;
if (bz == "end") {
  layer.msg("课堂已结束,不能操作",{ time:t });}
if (bz == "update") {  var bh = $ ("#bh").val();
```

```
$.post(ashx_wx,{ "method":"endxq","bh":bh },function (date) {
layer.msg(date,{ time:t });
bz = "end";  });  }
flot_end = false;  }
else {
layer.msg("请勿频繁操作!",{ time:t });  }}

function del() {
if (flot_del == false) {
flot_del = true;
if (bz == "end") {
var bh = $("#bh").val();
$.post(ashx_wx,{ "method":"delxq","bh":bh },function (date) {
layer.msg(date,{ time:t },function () {
window.location.replace("ktlb.html");});  });  }
else {
layer.msg("课堂未创建或未结束",{ time:t });}
flot_del = false;  }
else {
layer.msg("请勿频繁操作!",{ time:t });  }  }
function copy() {
var new_bh = get_new_bh();
layer.confirm("是否要复制该课程<br>新的课程编号为" + new_bh,function (index) {
var i = load();
$.post(ashx_wx,{ "method":"copyxq","old_bh":bh,"new_bh":new_bh },function (date) {
```

```
date = JSON.parse(date);
if (date.msg == "true") {
close(i);
window.history.go(-2);  }
else {close(i);
layer.msg("复制失败",{time:1000})  }  });  })  }
function get_new_bh() {
var b;
$.ajaxSettings.async = false;
$.post(ashx_wx,{ "method":"getbh" },function (date) {
b = date;  });
$.ajaxSettings.async = false;
return b;  }
function gx_down() {
table.render({
elem:'#down_list'
,method:"post"
,url:ashx_wx
,cols:[[
{ checkbox:true,fixed:true }
,{ field:'kj',title:'课件',width:160,event:'down1',style:'cursor:pointer;' }
,{ field:'rq',title:'上传时间',width:140,event:'down1',style:'cursor:pointer;' }  ]]
,id:'t_down'
,page:false
,height:360
```

```
,where:{ 'method':'gx_down','bh':bh }  });}
function b_down() {
  gx_down();
  layer. open({
type:1,
content: $ ('#f_down'),
title:"课件列表",
area:['300px','300px']  });  }
function delkj() {
  var index = layer. load();
  var checkStatus = table. checkStatus('t_down')
,data = checkStatus. data;
  if (data. length > 0) {
for (var i = 0; i < data. length; i + + ) {
   $ . post(ashx_wx,{ "method":"del_kj","id":data[i]. id,"kj":data
[i]. kj,"bh":bh },function (date) {
gx_down();  });  }  }
  else {
layer. msg("未选择任何数据",{ time:t });  }
  layer. close(index);  }
  </script>
</head>
<body>
  <div class = "logo">
<span>华北水利水电大学</span>
  </div>
  <form class = "layui-form layui-form-pane" action = "" lay-filter
```

```
="form">
    <div class="layui-upload">
      <button type="button" class="layui-btn" id="upfm">上传封面</button>
      <div class="layui-upload-list">
    <img class="layui-upload-img" id="fm" src="" style="width:120px; height:120px;">
    <p id="fmtxt"></p>
      </div>
    </div>
    <div class="layui-form-item">
      <label class="layui-form-label">课堂编号:</label>
      <div class="layui-input-block">
    <input type="text" id="bh" name="bh" autocomplete="off" class="layui-input" disabled="disabled">
      </div>
    </div>
    <div class="layui-form-item">
      <label class="layui-form-label">设置班级:</label>
      <div class="layui-input-block">
    <input type="text" id="bj" name="bj" autocomplete="off" placeholder="设置班级" class="layui-input">
      </div>
    </div>
    <div class="layui-form-item">
      <label class="layui-form-label">设置课程:</label>
      <div class="layui-input-block">
```

```
<input type="text" id="kc" name="kc" autocomplete="off"
placeholder="设置课程" class="layui-input">
      </div>
    </div>
    <div class="layui-form-item">
      <label class="layui-form-label">院系:</label>
      <div class="layui-input-block">
    <select lay-filter="xy" id="xy" name="xy">
    </select>
      </div>
    </div>
    <div class="layui-form-item">
      <label class="layui-form-label">专业:</label>
      <div class="layui-input-block">
    <select lay-filter="jys" id="jys" name="jys">
    </select>
      </div>
    </div>
    <div class="layui-form-item">
      <label class="layui-form-label">学期:</label>
      <div class="layui-input-block">
    <select lay-filter="xq" id="xq" name="xq">
    </select>
      </div>
    </div>
    <div class="layui-form-item">
      <label class="layui-form-label">类型:</label>
```

```
<div class = "layui-input-block">
<select lay-filter = "lx" id = "lx" name = "lx">
<option value = "1" selected = "">公共基础课</option>
<option value = "2">专业基础课</option>
<option value = "3">专业类选修课</option>
</select>
</div>
</div>
<div class = "layui-form-item layui-form-text">
<label class = "layui-form-label">学习要求:</label>
<div class = "layui-input-block">
<textarea placeholder = "请输入学习要求" class = "layui-textarea"
id = "xxyq" name = "xxyq"></textarea>
</div>
</div>
<div class = "layui-form-item">
<label class = "layui-form-label">课件:</label>
<div class = "layui-input-block" style = "text-align:right;">
<button type = "button" class = "layui-btn layui-btn-radius" id = "
upload">上传课件</button>
<input id = "down" type = "button" value = "下载课件" class = "
layui-btn layui-btn-radius layui-btn-normal" onclick = "b_down()" />
</div>
</div>
<div id = "f_down" style = "display:none; padding:10px;">
<div class = "layui-btn-group demoTable" id = "delkj">
<a class = "layui-btn" href = "javascript:;" onclick = "delkj()">
```

```
批量删除</a>
            </div>
            <table class = "layui-hide" id = "down_list" lay-filter = "down_list"></table>
        </div>
        <div class = "footer" id = "footer">
            <ul class = "footer_menu">
            <li><a href = "javascript:;" onclick = "save()">保存修改</a></li>
            <li><a href = "javascript:;" onclick = "end()">结束课堂</a></li>
            <li><a href = "javascript:;" onclick = "del()">删除课堂</a></li>
            <li><a href = "javascript:;" onclick = "copy()">复制课堂</a></li>
            </ul>
        </div>
            </form>
        </body>
        </html>
```

服务端代码

```
'添加课程信息
sql = "insert into ktxx(userid,bh,bj,kc,xq,type,xxyq,zt,sfjr,fm,jys,yx,cjrq) values(?,?,?,?,?,?,?,'进行中',1,?,?,?,getdate())"
rs = webapi.sqlhelp3(sql,{openid,d(0),d(1),d(2),d(3),d(4),d(5),d(6),d(7),d(8)})
```

```
  If rs("count").ToString <> "0" Then
msg = "添加成功"
  Else
msg = "添加失败"
  End If
err:
  Return msg
  End Function

  '复制课程
  Function copyxq(old_bh As String,new_bh As String) As String
  sql = "copy_ktxx ?,?"
  msg = webapi.sqlhelp2(sql,{old_bh,new_bh})
  Return msg
  End Function
  Function updatexq(d() As String) As String
  Dim s(0) As String
  msg = ""
  If d(1) = "" Then
msg = "【班级】不能为空!"
GoTo err
  End If
  If d(2) = "" Then
msg = "【课程】不能为空!"
GoTo err
  End If
  '更新课程信息
```

```
    sql = "update ktxx set  bj = ?,kc = ?,xq = ?,type = ?,xxyq = ?,fm
= ?,jys = ?,yx = ? where bh = ?"
    rs = webapi.sqlhelp3(sql,{d(1),d(2),d(3),d(4),d(5), d(6), d
(7),d(8),d(0)})
    If rs("count").ToString <> "0" Then
  msg = "更新成功"
    Else
  msg = "更新失败"
    End If
  err:
    Return msg
    End Function

    Function endxq(d As String) As String
    '结束课程信息
    sql = "update ktxx set zt = '已结束' where bh = ?"
    rs = webapi.sqlhelp3(sql,{d})
    If rs("count").ToString <> "0" Then
  msg = "课程已结束"
    End If
    Return msg
    End Function

    Function delxq(d As String) As String
    '删除课程信息
    sql = "delete ktxx where bh = ?"
    rs = webapi.sqlhelp3(sql,{d})
```

```
If rs("count").ToString <> "0" Then
msg = "课程已删除"
End If
Return msg
End Function
```

4.3 课堂详情

课堂详情列表展示的是教师在当前学期的所有课程，点击相应课程，即可进入该课程的管理页面中，界面的左上角显示了点开课程名称。教师端课堂列表如图 4-4 所示。云课堂主要功能包括：学生管理、公告、详情、历史签到与答题详情等。

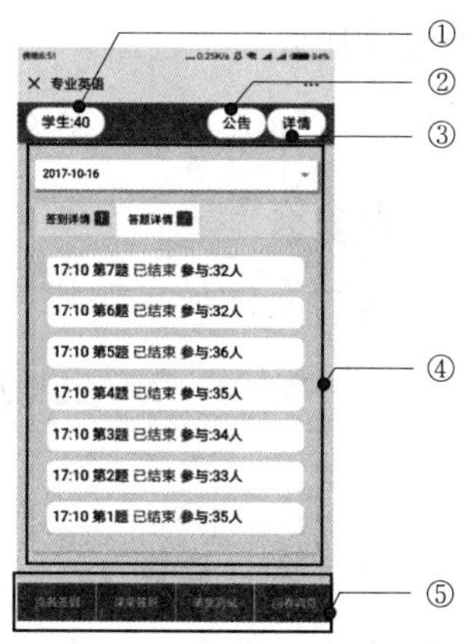

图 4-4　教师端课堂列表

4.3.1 学生管理

学生管理按钮位于图 4-4 中“①”的位置，按钮图标显示了该课程的学生数量，点击后即显示如下界面（图 4-5）。

主要功能包括：允许加入；批量删除；设置助教；学生列表。

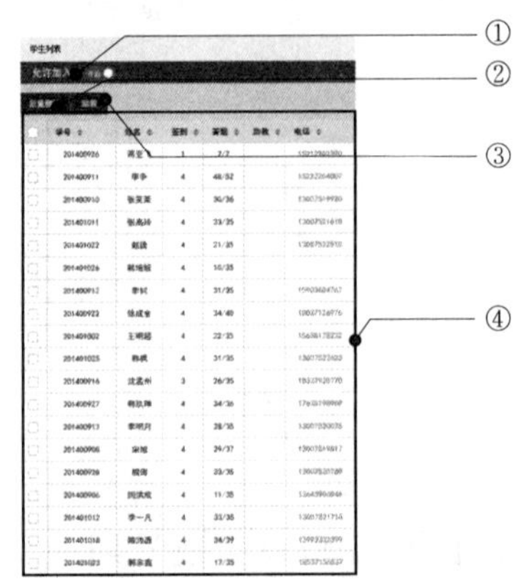

图 4-5　教师端学生列表

1. 允许加入

当学生完成注册后，可通过课堂编号查找并加入该课堂。加入后，学生信息显示于“允许加入”（如图 4-5 中“①”所示）按钮下方。一般而言，大多数学生加入课堂，在第一节课便可完成。如果课堂一直允许开放，可能会有无关人员加入。因此，当教师确定所有学生加入后，便可关闭“允许加入”按钮。若有少数学生第一节课并未加入，也可以先关闭按钮，待学生可加入时再次开放。

2. 批量删除

学生列表左侧提供了复选框（如图 4-5 中“②”所示），若有学生不属于该班级，教师可批量删除，迫使无关人员退出课堂。

3. 设置助教

助教的设置主要为帮助教师完成测试题目、调查问卷的上传，以及相关信息的读取与收集工作（如图 4-5 中“③”所示）。助教学生具有教师端的部分权限与功能，但不能对历史数据进行更改，成绩、点名等重要数据也不能查看。从而在保证课堂核心信息不会外泄的基础上，辅助教师完成助教任务。

4. 学生列表

学生列表中详细记录了每个学生的学号、姓名、签到次数、答题记录、是否助教和联系电话（如图 4－5 中“④”所示）。每列信息均可按照由低到高或由高到低的顺序排列，方便教师有目的性的查看。

客户端代码

```
<!DOCTYPE html>
<html>
<head>
  <meta http-equiv = "Content-Type" content = "text/html; charset = utf-8" />
  <meta name = "viewport" content = "width = device-width,initial-scale = 1,maximum-scale = 1" />
  <link href = "../../../layuiadmin/layui/css/layui.css" rel = "stylesheet" />
  <script src = "../../../layuiadmin/layui/layui.js"></script>
  <script src = "../../../layuiadmin/config.js"></script>
  <title>学生列表</title>
  <meta charset = "utf-8" />
  <style>
/*通用*/
* {margin:0px;padding:0px;font-family:SimHei;}
a {text-decoration:none;color:#99CCFF;}
body {background-color:#EBEBEB;width:100%;}
/*标题*/
```

```
.title{background-color:#1E9FFF;font-size:18px;color:#fff;}
/* .title > #CheckBox1 { width: 20px; height: 20px; position: absolute;top:10px;left:110px;color:#fff;}
.title> #LinkButton1{position:absolute;right:10px;line-height:44px;color:#fff;} */
#chenkbox{width:100%;position:relative;}
/*表格*/
table{width:100%;border-collapse:collapse;border-spacing:0;/* table-layout:fixed; */background-color:#fff;}
th{background:#ebf3f0;font-size:18px;color:#000002;height:25px;cursor:pointer;}
th,td{text-align:center;border:1px solid #dcdbdb;padding:5px 10px;font-size:16px;  }
#box{position:absolute;display:none;background:#fff;text-align:center;top:0;background-color:#000;background-color:rgba(0,0,0,0.8);color:#fff;height:100%;cursor:move;}
#box p{line-height:2;  }
  </style>
<script>
  var form,layer,element,table,upload,$;
  var t=1000;
var bh=getUrlParam("bh");
layui.use(['form','layer','element','table','upload',"jquery"],function(){
    form=layui.form;
    layer=layui.layer;
    element=layui.element;
```

```
table = layui. table;
upload = layui. upload;
 $ = layui. $ ;
form. on(' switch(kg)',function (data) {
 var k;
 if (data. elem. checked = = true) {
k = "1";
layer. msg("允许学生加入课堂",{time:t});    }
 else {   k = "0";
layer. msg("禁止学生加入课堂",{ time:t });    }
  $ . post ( ashx _ wx, {  " method" :" set _ sfjr"," bh" : bh  ," k" : k},
function (date) {
 });  });
check(1);
get_sfjr();
gx_xs();   });

function get_sfjr() {
 $ . post ( ashx _ wx, {  " method" :" get _ sfjr"," bh" : bh }, function
(date) {
 if (date = = "1") {
$ (" # kg"). attr("checked",true);
form. render();   }
 else {
$ (" # kg"). attr("checked",false);
form. render();   }  });   }
```

```
function gx_xs() {
  table.render({    elem:'#xs'
  ,method:"post"
  ,url:ashx_wx
  //,size:'sm' //小尺寸的表格
  ,cols:[[
{ checkbox:true,fixed:true }
  ,{ field:'bh',title:'学号',width:120,sort:true }
  ,{ field:'username',title:'姓名',width:80,sort:true }
  ,{ field:'qd',title:'签到',width:70,sort:true }
  ,{ field:'dt',title:'答题',width:70,sort:true }
  ,{ field:'iszhujiao',title:'助教',width:70,sort:true }
  ,{ field:'phone',title:'电话',templet:"#phone",width:120,sort:
true }  ]]
  ,id:'t_xs'
  ,page:false
  ,height:'full-120'
  ,where:{ 'method':'gx_xs','bh':bh }   });   }

function del() {
  var index = layer.load();
  var checkStatus = table.checkStatus('t_xs')
  ,data = checkStatus.data;
  if (data.length > 0)
  {    for (var i = 0; i < data.length; i++)
   {   //layer.msg(data[i].xid);
   $.post(ashx_wx, { "method":"del_xs","xid":data[i].xid },
```

```
function (date) {
    gx_xs();  });   }  }
      else  {
       layer.msg("未选择任何数据",{ time:t });  }
      layer.close(index);  }

    function zhujiao() {
      var index = layer.load();
      var checkStatus = table.checkStatus('t_xs')
      ,data = checkStatus.data;
      if (data.length > 0) {
       for (var i = 0; i < data.length; i++) {
       $.post(ashx_wx,{ "method":"zhujiao_xs","xid":data[i].xid },
function (date) {
    gx_xs();
    layer.msg("设置成功",{ time:t });  });   }  }
      else {
       layer.msg("未选择任何数据",{ time:t });  }
      layer.close(index);  }
    </script>
    </head>
    <body>
      <form class="layui-form" action="">
      <div class="layui-form-item title">
      <label class="layui-form-label">允许加入</label>
      <div class="layui-input-block">
    <input type="checkbox" lay-skin="switch" lay-text="开启|关闭"
```

```
id = "kg" lay-filter = "kg">
        </div>
        </div>
        </form>
        <div class = "layui-btn-group demoTable">
        <a class = "layui-btn" href = "javascript:;" onclick = "del()">批量删除</a>
        <a class = "layui-btn" href = "javascript:;" onclick = "zhujiao()">助教</a>
        </div>
        <table class = "layui-hide" id = "xs" lay-filter = "xs"></table>
        <script type = "text/html" id = "phone">
        <!--这里的 checked 的状态只是演示 -->
        <a href = "tel:{{d.phone}}">{{d.phone}}</a>
        </script>
      </body>
      </html>
```

服务端代码

```
Function gx_xs(bh As String) As String
sql = " select id xid, (select bh from userinfo where openid = a.userid) bh," &
  " (select username from userinfo where openid = a.userid) username," &
  " (select phone from userinfo where openid = a.userid) phone," &
  " (select COUNT(*) qdcs from kt_cz_user where ktbh = a.ktbh and
```

```
userid = a.userid and cz = '签到' and zt = '正常') qd," &
    " (select convert(varchar(20),COUNT( * )) dtcs from kt_cz_user where
ktbh = a.ktbh And userid = a.userid And cz = '答题' and zt = '已参与')" &
    "   + '/' + (select convert(varchar(20),COUNT( * )) dtcs from kt_cz
_user where ktbh = a.ktbh And userid = a.userid And cz = '答题' ) dt,iszhu-
jiao" &
    " from kt_user a where a.ktbh = @bh"
        Dim j As String
        j = webapi.sqlhelp1(sql,{"@bh," + bh})
        Return j
        End Function
        Function set_sfjr(bh As String,k As String) As String
        sql = "update ktxx set sfjr = ? where bh = ?"
        rs = webapi.sqlhelp3(sql,{k,bh})
        Return "true"
        End Function

        '删除学生
        Function del_xs(id As String) As String
        sql = "delete kt_user where id = ?"
        rs = webapi.sqlhelp3(sql,{id})
        Return "true"
        End Function

        '设置助教
        Function zhujiao_xs(id As String) As String
        sql = "update kt_user set iszhujiao = (case when iszhujiao = '' OR
```

```
iszhujiao is null then '是' else '' end) where id = ?"
        webapi.sqlhelp3(sql,{id})
        Return "true"
        End Function
```

4.3.2 公告

“公告”用于教师发布各种消息。当教师在课下有信息需通知学生时，如下节课前应预习的章节，需带的书本等内容，都可通过公告功能发布，学生手机端即时收到消息（图 4－6）。

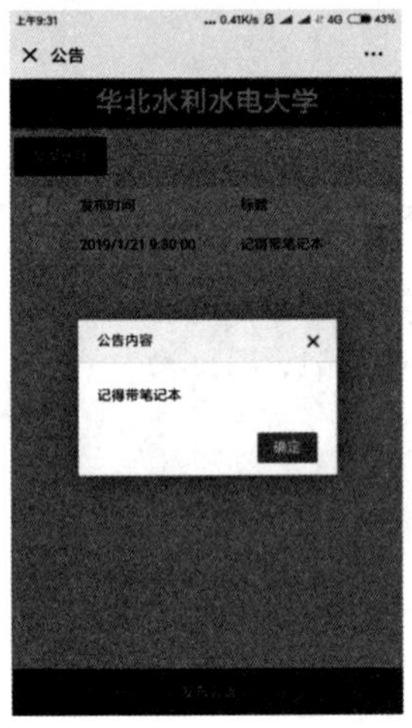

图 4－6　教师端发布公告

客户端代码

```
<!DOCTYPE html>
<html>
<head>
    <meta http-equiv = "Content-Type" content = "text/html; charset
= utf-8" />
    <meta name = "viewport" content = "width = device-width, initial-
```

```
scale = 1,maximum-scale = 1" />
        <link href = "../../../layuiadmin/layui/css/layui.css" rel = "
stylesheet" />
        <link href = "../../../layuiadmin/css/demo.css" rel = "
stylesheet" />
        <script src = "../../../layuiadmin/layui/layui.js" ></
script>
        <script src = "../../../layuiadmin/config.js"></script>
        <title>公告</title>
        <meta charset = "utf-8" />
        <style>
        form{width:98%;padding:0px;}
     /*公告*/
        .main{width:100%;position:relative;}
        .main>a>.list{margin:10px 1% 0px 1%;background-color:#
ffffff;border-radius:10px;padding:10px;}
        .main>a>.list>h5{float:right;}
        .main>a>.list>p{clear:right;}
     /*底部菜单*/
     .footer .footer_menu>li {width:100%;}
        </style>
     <script>
        var form,layer,element,table,upload,$;
        var t = 1000;
        var flog = false;
        var bh = getUrlParam("bh");
        var tt = getUrlParam("t");
```

```
        layui.use(['form','layer','element','table','upload',"jquery"],
function () {
        form = layui.form;
        layer = layui.layer;
        element = layui.element;
        table = layui.table;
        upload = layui.upload;
        $ = layui.$;
        table.on('tool(gg)',function (obj) {
    var data = obj.data;
    if (obj.event === 'ggxq') {
        layer.alert(data.nr,{title:"公告内容"}); }  });
        if (tt == "2") {
    check(2);
    $("#footer").hide();
    $("#delgg").hide();  }
        else { check(1);  }
        gx_gg();  });


        function check1() {
        $.post(ashx_wx,{ "method":"check" },function (date) {
    if (date == "openid error") {
        layer.msg(date,{ time:t });  }
    if (date == "false") {
        window.location.replace("register1.html");  }
    else {
        if (date == "xuesheng") {
```

```
$("#footer").hide();
$("#delgg").hide();   }
gx_gg(); }  });   }

function getUrlParam(name) {
var reg = new RegExp("(^|&)" + name + "=([^&]*)(&|$)");
//构造一个含有目标参数的正则表达式对象
var r = window.location.search.substr(1).match(reg); //匹配目标参数
if (r != null) {
return unescape(r[2]);  }
else { return ""; //返回参数值 }  }

function gx_gg() {
table.render({
elem:'#gg'
,method:"post"
,url:ashx_wx
,cols:[[  { checkbox:true,fixed:true }
,{ field:'rq',title:'发布时间',width:160,event:'ggxq',style:'cursor:pointer;' }
,{ field:'bt',title:'标题',width:140,event:'ggxq',style:'cursor:pointer;' } ]]
,id:'t_gg'
,page:false
,height:360
,where:{ 'method':'gx_gg','bh':bh }  });   }
```

```
function del() {
var index = layer. load();
var checkStatus = table. checkStatus('t_gg')
,data = checkStatus. data;
if (data. length > 0)
{ for (var i = 0; i < data. length; i + + )
{   $ . post ( ashx _ wx, {  " method" :" del _ gg"," id": data[ i]. id },
function (date) {
gx_gg();   }); }   }
else
{   layer. msg("未选择任何数据",{ time:t });   }
layer. close( index); }

function fbgg() {   layer. open({
type:1,
content: $ ('# fb'),
title:"发布公告",
area:['300px','300px']   });    }
function b_fb() {
if (flog = = false) {
layer. load();
flog = true;
var bt = $ (" # bt"). val();
var nr = $ (" # nr"). val();
if (bt ! = "" && nr ! = "") {
$ . post(ashx_wx,{ "method":"fb_gg","bh":bh,"bt":bt,"nr":nr },
```

```
function (date) {   if (date == "true") {
    layer.msg("发布成功",{ time:t },function () {
      layer.closeAll();
      gx_gg();
      $("#bt").val("");
      $("#nr").val("");
      flog = false; });   }
      else {
    layer.msg("发布失败",{ time:t },function () { flog = false; layer.closeAll('loading'); });   }   }); }
    else {
      layer.msg("标题或内容不能为空",{ time:t },function () { flog = false; layer.closeAll('loading'); }); }   }
      else { layer.msg("请勿频繁操作!",{ time:t }); }   }
    </script>
    </head>
    <body>
      <div class = "logo">
      <span>华北水利水电大学</span>
      </div>
      <form class = "layui-form" action = "">
    <div class = "layui-btn-group demoTable" id = "delgg">
      <a class = "layui-btn" href = "javascript:;" onclick = "del()">批量删除</a>
    </div>
      <table class = "layui-hide" id = "gg" lay-filter = "gg"></table>
```

```
<! --<div class = "main"><a href = "dtz. html"><div class = "list"><h4>【测试】123</h4><h5>2017/9/12 10:21:00</h5><p>1234</p></div></a></div>-->
<div id = "fb" style = "margin:10px;display:none;">
<div class = "layui-form-item" >
  <label class = "layui-form-label" style = "left:-50px;">标题:</label>
  <div class = "layui-input-block">
   <input type = "text" id = "bt" autocomplete = "off" placeholder = "请输入标题" class = "layui-input" style = "margin-left:-50px;width:220px;">
  </div>
</div>
<div class = "layui-form-item layui-form-text">
  <label class = "layui-form-label" style = "left:-50px;">内容:</label>
  <div class = "layui-input-block">
<textarea placeholder = "请输入公告内容" class = "layui-textarea" id = "nr" style = "margin-left:-50px; width: 220px; height: 130px;"></textarea>
  </div>
  <div class = "layui-input-block" style = "margin-top:10px;">
  <a class = "layui-btn" href = "javascript:;" onclick = "b_fb()">发布公告</a>
  </div>
  </form>
  <div class = "footer" id = "footer">
```

```
<ul class = "footer_menu">
<li><a href = "javascript:;" onclick = "fbgg()">发布公告</a
></li>
</ul>
</div>
</body>
</html>
```

4.3.3 详情

“详情”中的内容即“添加课堂”中的课程信息（图 4 - 3），教师可随时修改其中的内容。在实测过程中，“课件上传”是使用频率较高的功能。当课件进行上传后，无需再次点击“保存修改”按钮。

“详情”中的核心代码与“添加课堂”十分相似，在此不再赘述。

4.3.4 历史签到与答题详情

当某次上课使用了“华水云课堂”，图 4 - 4 中的“④”区域会自动加入该日的签到详情和答题详情，教师通过选择历史上课时间，查询该次上课具体的课堂详情。通过点击“签到”和“答题记录”列表，可进入到选择日期签到和答题的详情页面。

客户端代码

```
//监听 select 改变事件
form.on('select(rq)',function (data) {
rq = data.value;
getktxx()}); });

function getrq() {
```

```
$("#rq").empty();
form.render();
$.post(ashx_wx,{ "method":"getrq","bh":bh },function (date) {
if (date != "") {  $("#rq").append(date);  }
else {
//layer.msg("获取日期列表失败!",{ time:t });  }
form.render();
rq = $("#rq").val();
getktxx();});  }

function getktxx() {
layer.load();
$.post(ashx_wx,{ "method":"getktxx","bh":bh,"rq":rq },
function (date) {
//layer.msg(date);
date = eval("(" + date + ")");
if (rq != "") {
$("#qd").empty();
$("#qd").append(date.qd);
$("#dt").empty();
$("#dt").append(date.dt);
form.render();  }
$("#xx").html("学生:" + date.rs);
$("#qds").html(date.qds);
$("#dts").html(date.dts);
$("title").html(date.title);  });
layer.closeAll('loading');  }
```

```
function getUrlParam(name) {
  var reg = new RegExp("(^|&)" + name + "=([^&]*)(&|$)"); //构造一个含有目标参数的正则表达式对象
  var r = window.location.search.substr(1).match(reg); //匹配目标参数
  if (r != null) {
  return unescape(r[2]);}
  else {  return ""; //返回参数值}  }
  </script>
</head>
<body>
  <div class="logo">
<a href="xuesheng.html" class="t_a1 layui-btn layui-btn-radius layui-btn-primary" id="xx">学生:0</a>
<a href="xq.html?bh=20404" class="t_a2 layui-btn layui-btn-radius layui-btn-primary" id="xq">详情</a>
<a href="gg.html?bh=20404" class="t_a3 layui-btn layui-btn-radius layui-btn-primary" id="gg">公告</a>
  </div>
  <form class="layui-form" action="">
<div class="layui-form-item rq">
   <select id="rq" lay-filter="rq">
   </select>
</div>
<div class="layui-tab layui-tab-card">
   <ul class="layui-tab-title">
```

```
<li class="layui-this">签到详情<span class="layui-badge" id="qds"></span></li>
<li>答题详情<span class="layui-badge" id="dts"></span></li>
</ul>
<div class="layui-tab-content">
<div class="layui-tab-item layui-show" id="qd">
<! -- <div class="list"><a href="qdz.aspx? bh=123&qdid=456"><span>14:09 第 1 次 <span style="color:#ff0000;">已结束</span> 参与:2 人</span></a></div>
<div class="list"><a href="qdz.aspx? bh=123&qdid=456"><span>14:09 第 2 次 <span style="color:#009966;">已开始</span> 参与:2 人</span></a></div>-->
</div>
<div class="layui-tab-item" id="dt">
<! -- <div class="list"><a href="qdz.aspx? bh=123&qdid=456"><span>14:09 第 1 次 <span style="color:#ff0000;">已结束</span> 参与:2 人</span></a></div>
<div class="list"><a href="qdz.aspx? bh=123&qdid=456"><span>14:09 第 2 次 <span style="color:#009966;">已开始</span> 参与:2 人</span></a></div>
<div class="list"><a href="qdz.aspx? bh=123&qdid=456"><span>14:09 第 3 次 <span style="color:#ff0000;">已结束</span> 参与:2 人</span></a></div>
<div class="list"><a href="qdz.aspx? bh=123&qdid=456"><span>14:09 第 4 次 <span style="color:#009966;">已开始</span> 参与:2 人</span></a></div>
```

```
<div class = "list"><a href = "qdz.aspx? bh = 123&qdid = 456">
<span> 14:09 第 5 次 <span style = " color: # ff0000;" >已结束
</span> 参与:2 人</span></a></div>
<div class = "list"><a href = "qdz.aspx? bh = 123&qdid = 456">
<span> 14:09 第 6 次 <span style = " color: # 009966;" >已开始
</span>  参与:2 人</span></a></div>-->
   </div>
    </div>
    <div style = "clear:both;"></div>
</div>
```

4.4 点名签到

点名签到功能是“华水云课堂”的主功能之一（图 4－7），与传统签到相比，具有签到速度快，记录准确的优势。“点名签到”功能的使用，能够有效提高点名速度，减少点名时间，增加课堂有效授课时长。

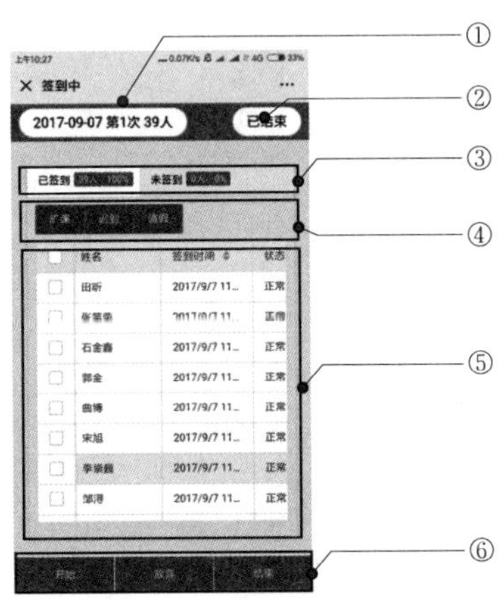

图 4－7　教师端签到功能

“点名签到”主要功能包括：

（1）点击“进入签到”按钮，进入签到页面（图4-4）。

（2）在教师未点击“开始”按钮前，学生端点击签到按钮无效，并出现“签到未开始”的字样。

（3）教师点击“开始”后，学生端签到权限开放，学生即可签到，签到界面变为如图4-7所示样式。其中图4-7中“①”区域出现“日期、当日签到次数和总人数”，图4-7中“②”区域由原先的未开始转变为“已开始”。在签到过程中，系统每1秒钟更新一次签到信息。

（4）系统默认显示已签到的人数（如图4-7中“③”所示）和具体学生姓名（如图4-7中“⑤”所示）；点击“未签到”按钮可查看仍未签到学生姓名。

（5）系统支持通过勾选学生姓名，将学生状态更改为旷课、迟到、请假或正常（如图4-7中“④”所示）。

（6）教师点击“结束”按钮，此轮签到结束，图4-7中“②”位置显示变为“已结束”，该次签到录入系统；教师若点击“放弃”按钮，则此轮签到不录入系统。

客户端代码

```
<!DOCTYPE html>
<html>
<head>
  <meta http-equiv = "Content-Type" content = "text/html; charset = utf-8" />
  <meta name = "viewport" content = "width = device-width, initial-scale = 1,maximum-scale = 1" />
  <link href = "../../../layuiadmin/layui/css/layui.css" rel = "stylesheet" />
```

```
    < link href = "../../../layuiadmin/css/demo.css" rel = "
stylesheet" />
    < script src = "../../../layuiadmin/layui/layui.js" > </
script>
    <script src="../../../layuiadmin/config.js"></script>
    <title>签到中</title>
    <meta charset="utf-8" />
    <style>
   /*通用*/
   /*标题*/
   .title{width:100%;height:48px;line-height:48px;background-
color:#1E9FFF;margin-bottom:10px;position:fixed;top:0px;z-
index:10;}
   .title>.t_a1{position:absolute;left:10px;top:5px;color:#000;
font-size:18px;}
   .title>.t_a2{position:absolute;right:10px;top:5px;color:#000;
font-size:18px;}
   /*底部菜单*/
   .footer .footer_menu>li{width:33.33%;}
    </style>
   <script>
    var form,layer,element,table,upload,$;
    var t=1000;
    var t_i;//计时器索引
     var bh=getUrlParam("bh");
     var czid=getUrlParam("czid")
     var rq;
```

```
        var zt = "end";
        var zrs;
        layui.use(['form','layer','element','table','upload',"jquery"],
function () {
        form = layui.form;
        layer = layui.layer;
        element = layui.element;
        table = layui.table;
        upload = layui.upload;
        $ = layui.$ ;
        check(1);
        if (bh != "" && czid != "") {
    get_qdxx();   }   });

        function get_qdxx(){
        $.post(ashx_wx,{ "method":"get_qdxx","czid":czid },function
(date) {
    date = eval("(" + date + ")");
    zt = date.zt1;
    zrs = date.zrs;
    gx_yqd();
    gx_wqd();
    if(zt == "start"){
      t_i = setTimeout(function () { sx(); },2000);   }
    $("#rq").html(date.rq);
    $("#zt").html(date.zt);   });   }
```

```
  function gx_yqd() {
  table.render({
elem:'#yqd'
,method:"post"
,url:ashx_wx
,cols:[[  {checkbox:true,fixed:true}
  ,{ field:'username',title:'姓名',width:120}
  ,{ field:'rq',title:'签到时间',width:120,sort:true }
  ,{ field:'zt',title:'状态',width:120 }  ]]
,id:'t_yqd'
,page:false
,height:360
,where:{ 'method':'gx_yqd','czid':czid,"zrs":zrs }
,done:function (res,curr,count) {
   $("#yqd_rs").html(res.count + '人');
   $("#yqd_zb").html(res.msg );  }  });  }

  function gx_wqd() {
  table.render({
elem:'#wqd'
,method:"post"
,url:ashx_wx
,cols:[[  {checkbox:true,fixed:true}
  ,{ field:'username',title:'姓名',width:120 }
  ,{ field:'zt',title:'状态',width:120,sort:true }  ]]
,id:'t_wqd'
,page:false
```

```
,height:360
,where:{ 'method':'gx_wqd','czid':czid,"zrs":zrs }
,done:function (res,curr,count) {
   $ ("#wqd_rs"). html(res. count + '人');
   $ ("#wqd_zb"). html(res. msg);  } });  }


   function sx() {
   table. reload('t_yqd');
   table. reload('t_wqd');
   t_i = setTimeout(function () { sx(); },2000);  }
   function csh() {
   table. render({ elem:'#yqd'
,method:"post"
,url:ashx_wx
,cols:[[  { checkbox:true,fixed:true }
  ,{ field:'username',title:'姓名',width:120 }
  ,{ field:'rq',title:'签到时间',width:120,sort:true }
  ,{ field:'zt',title:'状态',width:120 }  ]]
,id:'t_yqd'
,page:false
,height:360
,where:{ 'method':'gx_yqd' }  });
  table. render({
elem:'#wqd'
,method:"post"
,url:ashx_wx
,cols:[[  { checkbox:true,fixed:true }
```

```
  ,{ field:'username',title:'姓名',width:120 }
  ,{ field:'zt',title:'状态',width:120,sort:true }  ]]
,id:'t_wqd'
,page:false
,height:360
,where:{ 'method':'gx_wqd' }  });
   $("#rq").html('');
   $("#zt").html('未开始');
   $("#yqd_rs").html('');
   $("#yqd_zb").html('');
   $("#wqd_rs").html('');
   $("#wqd_zb").html('');
   czid = "";
   zrs = 0;
   zt = "end";  }

   function start() {
   if (zt == "start") {
layer.msg("签到已开始!",{ time:t });  }
   else {     zt = "start";
$.post(ashx_wx,{ "method":"ksqd","bh":bh },function (date) {
   if (date != "false") {
   date = eval("(" + date + ")");
   $("#rq").html(date.rq);
   $("#zt").html('已开始');
   czid = date.czid;
   zrs = date.zrs;
```

```
    gx_yqd();
    gx_wqd();
    t_i = setTimeout(function () { sx(); },2000); } }); } }

    function fq() {
    if (zt == "start") {
clearTimeout(t_i);
$.post(ashx_wx,{ "method":"fqqd","czid":czid},function (date) {
    csh();
    zt = "end";
    layer.msg("已放弃签到",{ time:t }); });   }
    else { layer.msg("签到未开始!",{ time:t });   }   }

    function end() {
    if (zt == "start") {
clearTimeout(t_i);
$.post(ashx_wx,{"method":"endqd","czid":czid},function (date) {
    gx_yqd();
    gx_wqd();
    $("#zt").html('已结束');
    zt = "end";
    layer.msg("签到已结束!",{time:t}); });   }
    else { layer.msg("签到未开始!",{ time:t });   }   }

    function gxzt(a,b) {
    var index = layer.load();
    if (zt == "end" && czid != "")
```

```
{ if (b==1) {
var checkStatus = table.checkStatus('t_yqd')
,data = checkStatus.data; }
if (b==2) {
var checkStatus = table.checkStatus('t_wqd')
,data = checkStatus.data; }
if(data.length>0){
for (var i = 0; i < data.length;i++){
$.post(ashx_wx,{ "method":"gxzt","czid":czid,"userid":data
[i].bh,"zt":a },function (date) {
}); }
gx_yqd();
gx_wqd(); }
else{ layer.msg("未选择任何数据",{ time:t }); } }
else { layer.msg("签到未结束!",{ time:t }); }
layer.close(index); }
</script>
</head>
<body>
<div class = "title">
<a href = "javascript:;" class = "t_a1 layui-btn layui-btn-radius
layui-btn-primary" id = "rq"></a>
<a href = "javascript:;" class = "t_a2 layui-btn layui-btn-radius
layui-btn-primary" id = "zt">未开始</a>
</div>
<form class = "layui-form" action = "">
<div class = "layui-tab layui-tab-card">
```

```
<ul class="layui-tab-title">
<li class="layui-this">已签到<span class="layui-badge" id
="yqd_rs"></span><span class="layui-badge layui-bg-blue" id="
yqd_zb"></span></li>
<li>未签到<span class="layui-badge" id="wqd_rs"></span
><span class="layui-badge layui-bg-blue" id="wqd_zb"></span>
</li>
</ul>
<div class="layui-tab-content" >
<!--标签内容 1-->
<div class="layui-tab-item layui-show" >
<!--表格开始-->
<div class="layui-btn-group demoTable">
<a class="layui-btn" href="javascript:;" onclick="gxzt('旷
课',1)">旷课</a>
<a class="layui-btn" href="javascript:;" onclick="gxzt('迟
到',1)">迟到</a>
<a class="layui-btn" href="javascript:;" onclick="gxzt('请
假',1)">请假</a>
</div>
<table class="layui-hide" id="yqd" lay-filter="yqd"></
table>
</div>
<!--标签内容 1-end-->
<!--标签内容 2-->
<div class="layui-tab-item">
<div class="layui-btn-group demoTable">
```

```
        <a class = "layui-btn" href = "javascript:;" onclick = "gxzt('旷课',2)">旷课</a>
        <a class = "layui-btn" href = "javascript:;" onclick = "gxzt('迟到',2)">迟到</a>
        <a class = "layui-btn" href = "javascript:;" onclick = "gxzt('请假',2)">请假</a>
        <a class = "layui-btn" href = "javascript:;" onclick = "gxzt('正常',2)">正常</a>
    </div>
    <!--表格开始-->
      <table class = "layui-hide" id = "wqd" lay-filter = "wqd"></table>
    <!--表格结束-->
    </div>
    <!--标签内容-2end-->
    <div style = "clear:both;"></div>
    </div>
    </div>
      </form>
    <div class = "footer">
    <ul class = "footer_menu">
    <li><a href = "javascript:;" onclick = "start()">开始</a></li>
    <li><a href = "javascript:;" onclick = "fq()">放弃</a></li>
    <li><a href = "javascript:;" onclick = "end()">结束</a></li>
    </ul>
      </div>
    </body>
```

```
</html>
```

服务端代码

```
'开始签到
Function ksqd(bh As String) As String
Dim cs As String
sql = "select top 1 cs + 1 cs from kt_cz where cz = '签到' and ktbh = ? and CONVERT(varchar(100),rq,23) = CONVERT(varchar(100),GETDATE(),23)"
rs = webapi.sqlhelp3(sql,{bh},,,"id desc")
If rs("count").ToString <> "0" Then
cs = rs("data")(0)("cs").ToString
Else
cs = "1"
End If
sql = "insert into kt_cz(ktbh,cz,rq,cs,rs,zt) values(?,'签到',GETDATE(),?,(select count( * ) rs from kt_user where ktbh = ?),'已开始')"
webapi.sqlhelp3(sql,{bh,cs,bh})
sql = "select * from kt_cz where cz = '签到' and zt = '已开始' and ktbh = ?"
rs = webapi.sqlhelp3(sql,{bh},,,"id desc")
Dim j As String
j = "{{""rq"":""{0}"",""czid"":""{1}"",""zrs"":""{2}""}}"
j = String.Format(j, Format(CDate(rs("data")(0)("rq").ToString),"yyyy-MM-dd") & "第" & rs("data")(0)("cs").ToString & "次" & rs("data")(0)("rs").ToString & "人",rs("data")(0)("id").ToString, rs("data")(0)("rs").ToString)
```

```
Dim czid As String = rs("data")(0)("id"). ToString
sql = "select * from kt_user a where a. ktbh = ? and userid not in (select userid from kt_cz_user where czid = ?)"
rs = webapi. sqlhelp3(sql, {bh,czid})
Dim i As Integer
Dim count As Integer = Val(rs("count"). ToString) - 1
For i = 0 To count
Dim r As New Object
r = rs("data")(i)
sql = "insert into kt_cz_user(czid, userid, ktbh, rq, zt, cz) values (?,'" & r("userid"). ToString & "',?,getdate(),'旷课','签到')"
webapi. sqlhelp3(sql, {czid,bh})
Next
Return j
End Function

'放弃签到
Function fqqd(czid As String) As String
sql = "delete kt_cz where id = ?"
webapi. sqlhelp3(sql, {czid})
sql = "delete kt_cz_user where czid = ?"
webapi. sqlhelp3(sql, {czid})
Return "true"
End Function

'结束签到
Function endqd(czid As String) As String
```

```
sql = "update kt_cz set zt = '已结束' where id = ?"
webapi.sqlhelp3(sql,{czid})
Return "true"
End Function

Function gx_yqd(czid As String,zrs As String) As String
sql = "select username,zt,rq,b.openid bh from kt_cz_user a,userinfo b where a.userid = b.openid and czid = ? and zt = '正常'"
rs = webapi.sqlhelp3(sql,{czid},,,"rq desc")
If zrs <> "0" Then
rs("msg") = Math.Round((Val(rs("count").ToString) / Val(zrs) * 100),0).ToString & "%"
Else
rs("msg") = ""
End If
Return rs.ToString
End Function

Function gx_wqd(czid As String,zrs As String) As String
sql = "select b.openid bh,username,zt,rq from kt_cz_user a,userinfo b where a.userid = b.openid and czid = ? and zt<>'正常'"
rs = webapi.sqlhelp3(sql,{czid},,,"zt")
If zrs <> "0" Then
rs("msg") = Math.Round((Val(rs("count").ToString) / Val(zrs) * 100),0).ToString & "%"
Else
rs("msg") = ""
```

```
End If
Return rs.ToString
End Function

Function get_qdxx(czid As String) As String
sql = "select * from kt_cz where id = ?"
rs = webapi.sqlhelp3(sql,{czid})
Dim j,zt As String
j = "{{""rq"":""{0}"",""zt"":""{1}"",""zt1"":""{2}"",""zrs"":""{3}""}}"
If rs("data")(0)("zt").ToString = "已开始" Then
zt = "start"
Else
zt = "end"
End If
j = String.Format(j,Format(CDate(rs("data")(0)("rq").ToString),"yyyy-MM-dd") & "第" & rs("data")(0)("cs").ToString & "次" & rs("data")(0)("rs").ToString & "人",rs("data")(0)("zt").ToString,zt,rs("data")(0)("rs").ToString)
Return j
End Function
```

4.5 课堂答题

课堂答题功能是“华水云课堂”的核心功能之一。其作用主要是配合教师课上问题即时收集学生作答数据，并将结果传送至教师端。通过“课堂答题”，教师能够及时了解学生知识点掌握情况，随

时掌握课程进度，做到有的放矢。其主要功能包括：

(1) 点击“进入答题”选项，进入教师端课堂答题界面（图4－8）。

(2) 在教师未点击“开始”选项前，学生端点击答题按钮无效，并出现“答题未开始”的字样。

(3) 教师点击“开始”后，学生端答题权限开放，学生即可选择结果并提交答案。其中图4－8中“①”出现“日期、题号和总人数”，图4－8中“②”区域由原先的“未开始”转变为“已开始”。

(4) 在答题过程中，图4－8中“④”显示了当前答题的题号，图4－8中“⑤”显示每个选项（A、B、C、D）已提交答案的人数，带有“√”为正确选项，选项下方显示选择该答案人数占总提交人数的百分比，系统每1秒钟更新一次答题信息，页面数据信息随时间发生变化。

(5) 系统默认显示已答题的人数和每个选项的具体信息，点击“未参与”按钮可查看仍未答题的学生姓名，以供教师在课堂上对相关人员进行提醒。教师点击答题明细按钮，可以查看每个学生的具体选项。若该题答案选A，多数人选B，教师可通过查看答题明细询问相关错选学生原因（图4－9），有的放矢地对该题目进行讲解。

(6) 教师点击“结束”按钮，选择正确答案，第X题答题结束。图4－8中“②”位置显示变为“已结束”，该题所有信息录入系统，学生端显示正确答案。若教师再次点击“开始”按钮，则图4－8中“④”区域显示当前题目为：第X＋1题。教师若点击“放弃”按钮，则此次答题不录入系统，教师再次点击“开始”按钮，则答题界面显示当前题目依然为第X题。

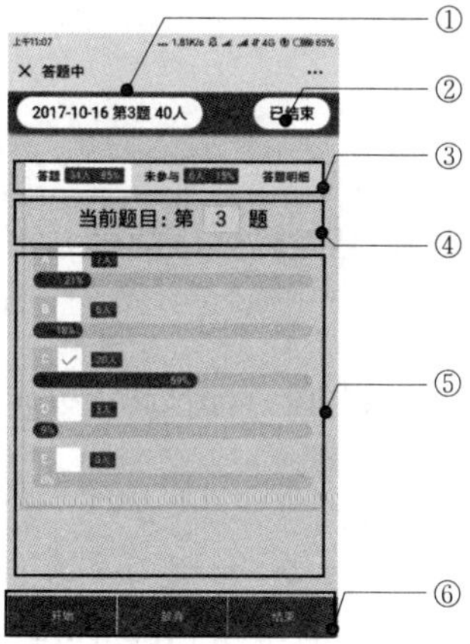

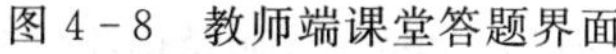

图 4-8　教师端课堂答题界面

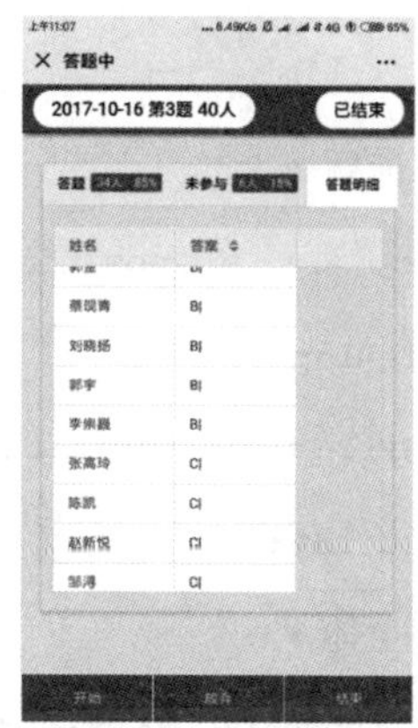

图 4-9　教师端课堂答题明细

客户端代码

```
<!DOCTYPE html>
<html>
<head>
    <meta http-equiv="Content-Type" content="text/html; charset=utf-8" />
    <meta name="viewport" content="width=device-width,initial-scale=1,maximum-scale=1" />
    <link href="../../../layuiadmin/layui/css/layui.css" rel="stylesheet" />
    <link href="../../../layuiadmin/css/demo.css" rel="stylesheet" />
    <script src="../../../layuiadmin/layui/layui.js"></script>
    <script src="../../../layuiadmin/config.js"></script>
    <title>答题中</title>
```

```
        <meta charset = "utf-8" />
        <style>
    /*标题*/
    .logo>.t_a1{position:absolute;left:10px;top:5px;color:#000;
font-size:18px;}
    .logo>.t_a2{position:absolute;right:10px;top:5px;color:#000;
font-size:18px;}
    /*主体*/
    .tm{font-size:24px;margin-bottom:16px;text-align:center;}
    .tm>span>input{width:40px;text-align:center;margin:0px 10px;}
    /*底部菜单*/
    .footer .footer_menu>li{width:33.33%;}
        </style>
    <script>
        var form,layer,element,table,upload,$;
        var tm_i;//当前题目
        var t = 1000;
        var t_i;//计时器索引
    var bh = getUrlParam("bh");
    var czid = getUrlParam("czid")
    var rq;
    var zt = "end";
    var zrs;
    var da = "";
    layui.use(['form','layer','element','table','upload',"jquery"],
function () {
        form = layui.form;
```

```
        layer = layui.layer;
        element = layui.element;
        table = layui.table;
        upload = layui.upload;
        $ = layui.$;
        check(1);
        if (czid == "") {    get_tm();
         csh();  }
        if (bh != "" && czid != "") {
         get_dtxx();  }  });

    function get_tm() {
        $.post(ashx_wx,{"method":"get_tm","bh":bh},function (date) {
         tm_i = date;
         $("#tm").val(tm_i);  });  }

    function get_dtxx(){
        $.post(ashx_wx,{ "method":"get_dtxx","czid":czid },function
(date) {
         date = eval("(" + date + ")");
         tm_i = date.tm;
         $("#tm").val(tm_i);
         $("#tm").attr("disabled",true);
         zt = date.zt1;
         zrs = date.zrs;
         $("#rq").html(date.rq);
         $("#zt").html(date.zt);
```

```
        gx_ydt();
        gx_wdt();
        if (zt == "start") {
    t_i = setTimeout(function () { sx(); },2000);  }
        if (zt == "end") {
        $ ("#A").attr("disabled","");
        $ ("#B").attr("disabled","");
        $ ("#C").attr("disabled","");
        $ ("#D").attr("disabled","");
        $ ("#E").attr("disabled","");
        if (date.d1 == "1") { $ ("#A").attr("checked",true); }
        if (date.d2 == "1") { $ ("#B").attr("checked",true); }
        if (date.d3 == "1") { $ ("#C").attr("checked",true); }
        if (date.d4 == "1") { $ ("#D").attr("checked",true); }
        if (date.d5 == "1") { $ ("#E").attr("checked",true); }
        form.render();  }  });  }

    function gx_ydt() {
        $.post(ashx_wx,{ "method":"gx_ydt","czid":czid,"zrs":zrs },
function (date) {   //layer.alert(date);
        date = eval("(" + date + ")");
        $ ("#ydt_rs").html(date.rs);
        $ ("#ydt_zb").html(date.zb);
        $ ("#Ar").html(date.ar);
        element.progress('Ab',date.ab);
        $ ("#Br").html(date.br);
        element.progress('Bb',date.bb);
```

```
 $("#Cr").html(date.cr);
 element.progress('Cb',date.cb);
 $("#Dr").html(date.dr);
 element.progress('Db',date.db);
 $("#Er").html(date.er);
 element.progress('Eb',date.eb);
 form.render();  });
table.render({
 elem:'#ydt'
,method:"post"
,url:ashx_wx
,cols:[[  { field:'username',title:'姓名',width:120 }
,{ field:'da',title:'答案',width:120,sort:true } ]]
,id:'t_ydt'
,page:false
,height:360
,where:{ 'method':'gx_ydt_list','czid':czid }  });  }

function gx_wdt() {
 table.render({
 elem:'#wdt'
,method:"post"
,url:ashx_wx
,cols:[[  { field:'username',title:'姓名',width:120 }  ]]
,id:'t_wdt'
,page:false
,height:360
```

```
    ,where:{ 'method':'gx_wdt','czid':czid,"zrs":zrs }
    ,done:function (res,curr,count) {
  $ ("#wdt_rs"). html(res. count + '人');
  $ ("#wdt_zb"). html(res. msg);  }  });  }

function sx() {
    gx_ydt();
    table. reload('t_wdt');
    t_i = setTimeout(function () { sx(); },2000);  }

function csh() {
    table. render({
     elem:'#wdt'
    ,method:"post"
    ,url:ashx_wx
    ,cols:[[  { field:'username',title:'姓名',width:120 }  ]]
    ,id:'t_wdt'
    ,page:false
    ,height:360
    ,where:{ 'method':'tab_wdt' }  });
     $ ("#rq"). html('');
     $ ("#zt"). html('未开始');
     $ ("#tm"). val(tm_i);
     $ ("#tm"). removeAttr("disabled");
     $ ("#A"). removeAttr("disabled");
     $ ("#A"). attr("checked",false);
     $ ("#Ar"). html("");
```

```
element.progress('Ab','0%');
$("#B").removeAttr("disabled");
$("#B").attr("checked",false);
$("#Br").html("");
element.progress('Bb','0%');
$("#C").removeAttr("disabled");
$("#C").attr("checked",false);
$("#Cr").html("");
element.progress('Cb','0%');
$("#D").removeAttr("disabled");
$("#D").attr("checked",false);
$("#Dr").html("");
element.progress('Db','0%');
$("#E").removeAttr("disabled");
$("#E").attr("checked",false);
$("#Er").html("");
element.progress('Eb','0%');
form.render();
$("#ydt_rs").html(");
$("#ydt_zb").html(");
$("#wdt_rs").html(");
$("#wdt_zb").html(");
czid = "";
zrs = 0;
zt = "end";  }
```

```
function start() {
    if (zt == "start") {
    layer.msg("答题已开始!",{ time:t });  }
    else {
    if ( $ ("#zt").html() == "已结束" && tm_i == $ ("#tm").val()) {
    tm_i = parseInt(tm_i) + 1;   }
    else {  tm_i = $ ("#tm").val();   }
    csh();
    zt = "start";
     $.post(ashx_wx,{ "method":"ksdt","bh":bh,"tm":tm_i },function
(date) {
    if (date != "false") {
date = eval("(" + date + ")");
 $ ("#rq").html(date.rq);
 $ ("#zt").html('已开始');
czid = date.czid;
zrs = date.zrs;
 $ ("#tm").attr("disabled",true);
gx_ydt();
gx_wdt();
t_i = setTimeout(function () { sx(); },2000); } }); } }

function fq() {
    if (zt == "start") {
     clearTimeout(t_i);
      $.post(ashx_wx,{ "method":"fqqd","czid":czid}, function
(date) {
```

```
csh();
zt = "end";
layer.msg("已放弃答题",{ time:t });  });  }
else {  layer.msg("答题未开始!",{ time:t });  }  }

function end() {
  if (zt == "start") {
   get_d();
   if (da != "") {
  clearTimeout(t_i);
   $.post(ashx_wx,{ "method":"enddt","czid":czid,"da":da },function (date) {
gx_ydt();
gx_wdt();
$("#tm").removeAttr("disabled");
$("#A").attr("disabled","");
$("#B").attr("disabled","");
$("#C").attr("disabled","");
$("#D").attr("disabled","");
$("#E").attr("disabled","");
form.render();
$("#zt").html('已结束');
zt = "end";
layer.msg("答题已结束!",{ time:t });  });  }
  else {  layer.msg("请先选择答案!",{ time:t });  }  }
  else {  layer.msg("答题未开始!",{ time:t }); }  }
```

```
function get_d() {
  da = "";
  if ( $ ('#A'). is(':checked')) {da = da  +  "A|";}
  else {da = da. replace("A|","");}
  if ( $ ('#B'). is(':checked')) { da = da  +  "B|"; }
  else { da = da. replace("B|",""); }
  if ( $ ('#C'). is(':checked')) { da = da  +  "C|"; }
  else { da = da. replace("C|",""); }
  if ( $ ('#D'). is(':checked')) { da = da  +  "D|"; }
  else { da = da. replace("D|",""); }
  if ( $ ('#E'). is(':checked')) { da = da  +  "E|"; }
  else { da = da. replace("E|",""); }
  layer. msg(da);   }
</script>
</head>
<body>
<div class = "logo">
  <a href = "javascript:;" class = "t_a1 layui-btn layui-btn-radius
layui-btn-primary" id = "rq"></a>
  <a href = "javascript:;" class = "t_a2 layui-btn layui-btn-radius
layui-btn-primary" id = "zt">未开始</a>
</div>
  <form class = "layui-form" action = "">
<div class = "layui-tab layui-tab-card">
  <ul class = "layui-tab-title">
  <li class = "layui-this">答题<span class = "layui-badge" id = "
ydt_rs"></span> <span class = "layui-badge layui-bg-blue" id = "ydt_
```

```
zb"></span></li>
        <li>未参与<span class = "layui-badge" id = "wdt_rs"></span
><span class = "layui-badge layui-bg-blue" id = "wdt_zb"></span>
</li>
        <li>答题明细</li>
        </ul>
        <div class = "layui-tab-content" >
    <!--标签内容 1-->
    <div class = "layui-tab-item layui-show" >
    <!--题目-->
    <div class = "tm">
        <span>当前题目:第<input id = "tm" type = "text" value = "" />
题</span>
    </div>
    <!--题目 end-->
    <!--答案开始-->
    <div style = "margin-bottom:10px;">
    <input type = "checkbox" title = "A" id = "A" ><span class = "
layui-badge" id = "Ar"></span>
    <!--<div class = "layui-progress layui-progress-big" lay-showPer-
cent = "yes" lay-filter = "Ab"><div class = "layui-progress-bar layui-
bg-blue" lay-percent = "0 %"></div></div>-->
    <div class = "layui-progress layui-progress-big" lay-filter = "Ab"
><div class = "layui-progress-bar layui-bg-blue" lay-percent = "0 %">
<span class = "layui-progress-text"></span></div></div>
    </div>
    <!--答案 end-->
```

```
<!--答案开始-->
<div style="margin-bottom:10px;">
<input type="checkbox" title="B" id="B"><span class="layui-badge" id="Br"></span>
<div class="layui-progress layui-progress-big" lay-filter="Bb"><div class="layui-progress-bar layui-bg-blue" lay-percent="0%"><span class="layui-progress-text"></span></div></div>
</div>
<!--答案 end-->
<!--答案开始-->
<div style="margin-bottom:10px;">
<input type="checkbox" title="C" id="C"><span class="layui-badge" id="Cr"></span>
<div class="layui-progress layui-progress-big" lay-filter="Cb"><div class="layui-progress-bar layui-bg-blue" lay-percent="0%"><span class="layui-progress-text"></span></div></div>
</div>
<!--答案 end-->
<!--答案开始-->
<div style="margin-bottom:10px;">
<input type="checkbox" title="D" id="D"><span class="layui-badge" id="Dr"></span>
<div class="layui-progress layui-progress-big" lay-filter="Db"><div class="layui-progress-bar layui-bg-blue" lay-percent="0%"><span class="layui-progress-text"></span></div></div>
</div>
<!--答案 end-->
```

```
<!--答案开始-->
<div style="margin-bottom:10px;">
<input type="checkbox" title="E" id="E"><span class="
layui-badge" id="Er"></span>
<div class="layui-progress layui-progress-big" lay-filter="Eb"
><div class="layui-progress-bar layui-bg-blue" lay-percent="0%">
<span class="layui-progress-text"></span></div></div>
</div>
<!--答案 end-->
</div>
<!--标签内容 1-end-->
<!--标签内容 2-->
<div class="layui-tab-item">
<!--表格开始-->
<table class="layui-hide" id="wdt" lay-filter="wdt"></
table>
<!--表格结束-->
</div>
<!--标签内容-2end-->
<!--标签内容 3-->
<div class="layui-tab-item">
<!--表格开始-->
<table class="layui-hide" id="ydt" lay-filter="ydt"></
table>
<!--表格结束-->
</div>
<!--标签内容-3end-->
```

```
<div style="clear:both;"></div>
</div>
</div>
</form>
<!--底部标签-->
<div class="footer">
  <ul class="footer_menu">
  <li><a href="javascript:;" onclick="start()">开始</a>
</li>
  <li><a href="javascript:;" onclick="fq()">放弃</a></li>
  <li><a href="javascript:;" onclick="end()">结束</a>
</li>
  </ul>
</div>
<!--底部标签 end-->
</body>
</html>
```

服务端代码

```
'学生获取答题
Function get_dt(bh As String) As String
Dim czid As String
Dim zt As String
Dim tm As String
sql = "select * from kt_cz where ktbh = ? and   cz = '答题' and   CON-
VERT(varchar(100),rq,23)>= CONVERT(varchar(100),getdate(),23)"
rs = webapi.sqlhelp3(sql,{bh},,,"id desc")
```

```
If rs("count").ToString <> "0" Then
zt = rs("data")(0)("zt").ToString
czid = rs("data")(0)("id").ToString
tm = rs("data")(0)("cs").ToString
If zt = "已结束" Then
  Dim da,da1 As String
  da = rs("data")(0)("bz").ToString
  sql = "select * from kt_cz_user where czid = ? and userid = ? and zt
='已参与'"
  rs = webapi.sqlhelp3(sql,{czid,openid})
  If rs("count").ToString <> "0" Then
  da1 = rs("data")(0)("da").ToString
  Return "{""zt"":""已结束"",""czid"":"""",""da"":""" & da &
""",""da1"":""" & da1 & """,""tm"":""" & tm & """}"
  Else
  da1 = ""
  Return "{""zt"":""已结束"",""czid"":"""",""da"":""" & da &
""",""da1"":""" & da1 & """,""tm"":""" & tm & """}"
  End If
End If
If zt = "已开始" Then
  sql = "select * from kt_cz_user where czid = ? and userid = ? and zt
='已参与'"
  rs = webapi.sqlhelp3(sql,{czid,openid})
  If rs("count").ToString <> "0" Then
  Return "{""zt"":""已提交"",""czid"":""" & czid & """,""
tm"":""" & tm & """,""da"":""" & rs("data")(0)("da").ToString & """}"
```

```
      Else
       Return "{""zt"":""已开始"",""czid"":""" & czid & """,""tm"":""" & tm & """}"
      End If
   End If
      Else
   Return "{""zt"":""未开始"",""czid"":""""}"
      End If
      Return ""
      End Function
```

4.6 随堂测试

随堂测试是“华水云课堂”的核心功能之一，与课堂答题功能有着较大区别。课堂答题功能在手机端没有题目显示，必须辅助教师课上使用PPT或其他方式展示试题；随堂测试则由教师提前在系统中出好试题与答案，适时开放至学生端作答。随堂测试包括随堂测试主功能和随堂测试题库两大模块。

4.6.1 随堂测试主功能

点击“随堂测试”按钮（如图4-4中“⑤”所示），进入测试页面。当教师未设置任何测试题时，屏幕显示“空空如也”。通过添加试题，发布的试题出现如图4-10所示的界面，试题标记为“未进行”（如图4-10中“专业英语3”所示）；正在进行的试题标注为“进行中”（如图4-10中“专业英语2”所示）；已进行完的试题会一直保留于该界面，标记为“已结束”（如图4-10中“专业英语1”所示），方便教师查看。

点击所需试题，即可进入试题操作界面（图4-11）。

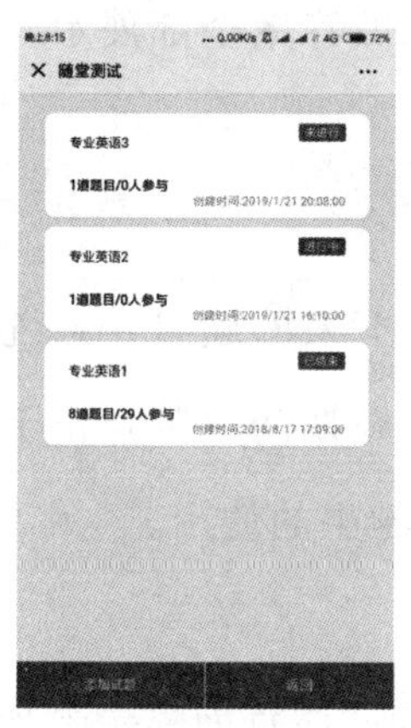

图 4－10　随堂测试界面

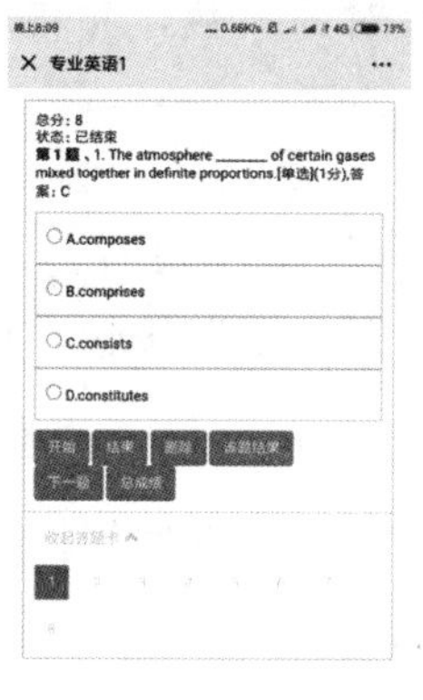

图 4－11　试题操作界面

其主要功能包括：预览；开始与结束；删除；该题结果；下一题；总成绩；答题卡。

1. 预览

图 4－11 显示了该套测试题的名称、总分与状态。当前画面停留在第一题，题目、选项与答案也清晰可见。学生端与教师端十分类似，只是缺少了答案项。

2. 开始与结束

在点击“开始”按钮前，学生无法进行答题，且不能浏览试卷。点击“开始”后，学生端允许答题；当教师点击“结束”时，学生端不能继续答题，系统处理结果，并反馈到教师移动端。

3. 删除

通过“删除”按钮可以删除当前所在题目，方便教师在课堂上随时调整。删除后的题目分数不再计入统计结果。

4. 该题结果

点击“该题结果”，弹出结果对话框，该对话框显示了参加答题

的人数与答对的人数，并将所有学生所做答案全部展示，方便教师课堂提问。

5. 下一题

点击“下一题”按钮，可以查看接下来的题目，系统也将当前画面更新为原画面的下一题。在学生做题期间教师点击下一题，只用于查看当前题目的回答情况，不影响学生的使用。

6. 总成绩

点击“总成绩”，弹出总成绩显示框，该页面显示参加答题的每位学生的具体分数，方便教师排名。

7. 答题卡

点击“展开答题卡”，显示了该套试题所有题目的需要，点击相应题号，能够直接显示该题信息，方便教师快速查询。

客户端代码

```
<!DOCTYPE html>
<html>
<head>
    <meta http-equiv = "Content-Type" content = "text/html; charset = utf-8" />
    <meta name = "viewport" content = "width = device-width, initial-scale = 1,maximum-scale = 1" />
    <link href = "../../../../layuiadmin/layui/css/layui.css" rel = "stylesheet" />
    <link href = "../../../../layuiadmin/css/demo.css" rel = "stylesheet" />
    <script src = "../../../../layuiadmin/js/jquery-1.12.3.min.js">
```

```
</script>
        <script src="../../../../layuiadmin/layui/layui.js"></
script>
        <script src="../../../../layuiadmin/config.js"></script>
        <title>随堂测试</title>
        <style>
        /*底部菜单*/
        .footer .footer_menu > li {
    width:50%;  }
        form { margin:0px auto 50px auto;  }
        </style>
    </head>
    <body>
        <form class="layui-form" action="" id="form">
    <!--<a href="index.html">
    <div class="layui-card">
        <div class="layui-card-header">模拟测试<span class="
layui-badge" style="float:right;">已结束</span></div>
        <div class="layui-card-body">
        <span>10 道题目/0 人参与</span>
        <span style="float:right; font-size:12px; color:darkgray;
margin-top:15px;">
        </div>
    </div>
        </a>-->
        </form>
    <script id="demo" type="text/html">
```

```
{{#  var c; }}
{{#  layui.each(d.data,function(index,item){ }}
{{#  if(item.zt === '未进行'){c = 'layui-bg-blue'}else if(item.zt === '进行中'){c = 'layui-bg-green'}else if(item.zt === '已结束'){c = 'layui-bg-range'} }}
  <a href = "jiaoshi.html? id = {{ item.id }}">
 <div class = "layui-card">
  <div class = "layui-card-header">{{ item.title }}<span class = "layui-badge {{ c }}"style = "float:right;">{{ item.zt }}</span></div>
  <div class = "layui-card-body">
  <span>{{  JSON.parse(item.question).length }}道题目/{{ item.rs }}人参与</span>
  <span style = "float: right; font-size: 12px; color: darkgray; margin-top:15px;">创建时间:{{ item.rq }}</span>
  </div>
 </div>
  </a>
  {{#  }); }}
  {{#  if(d.data.length === 0){ }}
 空空如也
  {{#  } }}
 if (typeof jQuery === 'undefined') {
  throw new Error('Bootstrap\'s JavaScript requires jQuery') }


 + function ( $ ) {
  'use strict';
```

```
var version = $.fn.jquery.split(' ')[0].split('.')
if ((version[0] < 2 && version[1] < 9) || (version[0] == 1 && version[1] == 9 && version[2] < 1) || (version[0] > 3)) {
throw new Error('Bootstrap\'s JavaScript requires jQuery version 1.9.1 or higher,but lower than version 4') }
}(jQuery);

function transitionEnd() {
var el = document.createElement('bootstrap')
var transEndEventNames = {
  WebkitTransition :'webkitTransitionEnd',
  MozTransition    :'transitionend',
  OTransition      :'oTransitionEnd otransitionend',
  transition       :'transitionend'  }
for (var name in transEndEventNames) {
  if (el.style[name] !== undefined) {
  return { end:transEndEventNames[name] }  }  }
return false // explicit for ie8 (  ._.)  }
// http://blog.alexmaccaw.com/css-transitions
$.fn.emulateTransitionEnd = function (duration) {
var called = false
var $el = this
$(this).one('bsTransitionEnd',function () { called = true })
var callback = function () { if (! called) $($el).trigger($.support.transition.end) }
setTimeout(callback,duration)
return this  }
```

```
$ (function () {
$ . support. transition = transitionEnd()
if (! $ . support. transition) return
$ . event. special. bsTransitionEnd = {
  bindType: $ . support. transition. end,
  delegateType: $ . support. transition. end,
  handle:function (e) {
  if ( $ (e. target). is(this)) return e. handleObj. handler. apply
(this,arguments)
  }  }  })  }(jQuery);

+ function ( $ ) {
 'use strict';
 // ALERT CLASS DEFINITION
 // ======================
 var dismiss = '[data-dismiss = "alert"]'
 var Alert   = function (el) {
 $ (el). on('click',dismiss,this. close)   }
 Alert. VERSION = '3. 3. 7'
 Alert. TRANSITION_DURATION = 150
 Alert. prototype. close = function (e) {
 var $ this   =  $ (this)
 var selector = $ this. attr('data-target')
 if (! selector) {
   selector = $ this. attr('href')
   selector = selector && selector. replace(/. * (? = #[^\s] *
$ )/,'') // strip for ie7   }
```

```
var $ parent = $ (selector = = = '#' ? [] :selector)
if (e) e. preventDefault()
if (! $ parent. length) {    $ parent = $ this. closest('. alert')    }
 $ parent. trigger(e = $ . Event('close. bs. alert'))
if (e. isDefaultPrevented()) return
 $ parent. removeClass(' in')
function removeElement() {
// detach from parent,fire event then clean up data
 $ parent. detach(). trigger('closed. bs. alert'). remove()    }
 $ . support. transition && $ parent. hasClass('fade') ?
 $ parent
. one(' bsTransitionEnd',removeElement)
. emulateTransitionEnd(Alert. TRANSITION_DURATION) :
removeElement()    }

function Plugin(option) {
return this. each(function () {
var $ this = $ (this)
var data    =  $ this. data(' bs. alert')
if (! data) $ this. data(' bs. alert',(data = new Alert(this)))
if (typeof option = = ' string') data[option]. call( $ this)    })    }
var old = $ . fn. alert
 $ . fn. alert          = Plugin
 $ . fn. alert. Constructor = Alert
 $ . fn. alert. noConflict = function () {
 $ . fn. alert = old
return this    }
```

```
$ ( document ) .on (' click.bs.alert.data-api ', dismiss,
Alert.prototype.close)
}(jQuery);
+function ($) {
'use strict';
var Button = function (element,options) {
this.$element  = $(element)
this.options  = $.extend({},Button.DEFAULTS,options)
this.isLoading = false  }  Button.VERSION  = '3.3.7'
Button.DEFAULTS = {
loadingText:'loading...'  }
Button.prototype.setState = function (state) {
var d = 'disabled'
var $el = this.$element
var val = $el.is('input') ?'val':'html'
var data = $el.data()
state += 'Text'
if (data.resetText == null) $el.data('resetText', $el[val]())
setTimeout($.proxy(function () {
  $el[val](data[state] == null ? this.options[state] : data
[state])
  if (state =='loadingText') {
  this.isLoading = true
  $el.addClass(d).attr(d,d).prop(d,true)
  } else if (this.isLoading) {
  this.isLoading = false
  $el.removeClass(d).removeAttr(d).prop(d,false)    }
```

```
},this),0)  }
Button.prototype.toggle = function () {
var changed = true
var $parent = this.$element.closest('[data-toggle = "buttons"]')
if ($parent.length) {
var $input = this.$element.find('input')
if ($input.prop('type') == 'radio') {
if ($input.prop('checked')) changed = false
$parent.find('.active').removeClass('active')
this.$element.addClass('active')
} else if ($input.prop('type') == 'checkbox') {
if (($input.prop('checked')) ! == this.$element.hasClass('active')) changed = false
this.$element.toggleClass('active')  }
$input.prop('checked',this.$element.hasClass('active'))
if (changed) $input.trigger('change')
} else {
this.$element.attr('aria-pressed',! this.$element.
</script>
<div class = "footer">
<ul class = "footer_menu">
<li><button class = "layui-btn layui-btn-normal" data-type = "add">添加试题</button></li>
<li><button class = "layui-btn layui-btn-normal" style = "border-left:1px solid #ffffff;" data-type = "back">返回</button></li>
</ul>
</div>
```

```
</body>
<script>
  var form,layer,laytpl;
  var t = 1000;
  var bh = getUrlParam("bh");
  var type = getUrlParam("t");
  var flot = false;
  layui.use(['form','layer','laytpl'],function () {
  form = layui.form;
  layer = layui.layer;
  laytpl = layui.laytpl;
  var $ = layui.$ ,active = {
add:function () { //检测权限
  $.post(ashx_wx,{ 'method':'question','type':'0','field':'{bh:' + bh + '}' },function (date) {
  date = JSON.parse(date);
  if (date.msg == "true") {
location.href = "add.html? bh = " + bh + "&t = " + type;  }
  else {layer.msg("无权操作",{ time:t },function () { flot = false; }); } }); },
back:function () {
  window.history.go(-1); } };
  $('.layui-btn').on('click',function () {
if (flot == false) {
  flot = true;
  var type = $(this).data('type');
  active[type] ? active[type].call(this) :";}
```

```
else { layer.msg("操作正在进行",{ time:t }); } });
  get_question_list();  });
  function get_question_list() {
  $.ajaxSettings.async = false;
  var j = {'bh':bh,'cz':'测试'};
  j = JSON.stringify(j);
  var i = load();
  $.post(ashx_wx,{ 'method':'question','type':'5','field':j },
function (date) {
  date = JSON.parse(date);
  var getTpl = demo.innerHTML
     ,view = document.getElementById('form');
  laytpl(getTpl).render(date,function (html) {
    view.innerHTML = html;  });
  close(i);  });
   $.ajaxSettings.async = true;  }
</script>
</html>
```

服务端代码

```
'获取题目
  Function get_tm(bh As String) As String
  Dim tm As String
  sql = "select top 1 cs + 1 cs from kt_cz where cz = '答题' and ktbh = ?
and CONVERT(varchar(100),rq,23) = CONVERT(varchar(100),GETDATE(),23)"
  rs = webapi.sqlhelp3(sql,{bh},,,"id desc")
  If rs("count").ToString <> "0" Then
```

```
tm = rs("data")(0)("cs"). ToString
  Else
tm = "1"
  End If
  Return tm
  End Function
  '开始答题
  Function ksdt(bh As String,tm As String) As String

  sql = "insert into kt_cz(ktbh,cz,rq,cs,rs,zt) values(?,'答题',GETDATE(),?,(select count( * ) rs from kt_user where ktbh = ?),'已开始')"
  webapi. sqlhelp3(sql,{bh,tm,bh})
  sql = "select * from kt_cz where cz = '答题' and zt = '已开始' and ktbh = ?"
  rs = webapi. sqlhelp3(sql,{bh},,,"id desc")
  Dim j As String
  j = "{{""rq"":""{0}"",""czid"":""{1}"",""zrs"":""{2}""}}"
  j = String. Format ( j, Format ( CDate ( rs ( " data") ( 0 ) ( " rq") . ToString),"yyyy-MM-dd") & "第“ & rs("data")(0)("cs"). ToString & ”题 “ & rs("data")(0)("rs"). ToString & ”人",rs("data")(0)("id"). ToString, rs("data")(0)("rs"). ToString)

  Dim czid As String = rs("data")(0)("id"). ToString
  sql = "select * from kt_user a where a. ktbh = ? and userid not in (select userid from kt_cz_user where czid = ?)"
  rs = webapi. sqlhelp3(sql,{bh,czid})
  Dim i As Integer
```

```
    Dim count As Integer = Val(rs("count").ToString) - 1
    For i = 0 To count
  sql = "insert into kt_cz_user(czid,userid,ktbh,rq,zt,cz) values(?,
'" & rs("data")(i)("userid").ToString & "',?,getdate(),'未参与','答题')"
  webapi.sqlhelp3(sql,{czid,bh})
    Next
    Return j
    End Function
    '放弃答题
    Function fqdt(czid As String) As String
    sql = "delete kt_cz where id = ?"
    webapi.sqlhelp3(sql,{czid})
    sql = "delete kt_cz_user where czid = ?"
    webapi.sqlhelp3(sql,{czid})
    Return "true"
    End Function

    '结束答题
    Function enddt(czid As String,da As String) As String
    sql = "update kt_cz set zt = '已结束',bz = ? where id = ?"
    webapi.sqlhelp3(sql,{da,czid})
    Return "true"
    End Function
    '获取未答题名单
    Function gx_wdt(czid As String,zrs As String) As String
    Dim zb As String
    sql = "select b.openid bh,username,zt,rq from kt_cz_user a,use-
```

```
rinfo b where a.userid = b.openid and czid = ? and zt = '未参与'"
        rs = webapi.sqlhelp3(sql,{czid},,,"zt")
        If (zrs <> 0) Then
    zb = Math.Round((Val(rs("count").ToString) / Val(zrs) * 100),0)
.ToString()
        Else
    zb = "0"
        End If
        rs("msg") = zb & "%"
        Return rs.ToString
        End Function
        '获取答题名单
        Function gx_ydt_list(czid As String) As String
        sql = "select b.openid,username,zt,rq,da from kt_cz_user a,use-
rinfo b where a.userid = b.openid and czid = ? and zt = '已参与'"
        rs = webapi.sqlhelp3(sql,{czid},,,"da")
        If rs("count").ToString <> "0" Then
    rs("msg") = "查询成功"
        End If
        Return rs.ToString
        End Function
        '获取答题信息
        Function get_dtxx(czid As String) As String
        Dim t() As String
        Dim t1 As String
        Dim d(4) As String
        sql = "select * from kt_cz where id = ?"
```

```
rs = webapi.sqlhelp3(sql,{czid})
Dim j,zt As String
j = "{ {""rq"":""{0}"",""zt"":""{1}"",""zt1"":""{2}"" ,
""zrs"":""{3}"",""tm"":""{4}"",""d1"":""{5}"",""d2"":""{6}"",
""d3"":""{7}"",""d4"":""{8}"",""d5"":""{9}""}}"
If rs("data")(0)("zt").ToString = "已开始" Then
zt = "start"
Else
zt = "end"
Dim i As Integer
t = Split(rs("data")(0)("bz").ToString,"|")
For i = 0 To UBound(t)
t1 = t(i)
Select Case t1
Case "A"
d(0) = "1"
Case "B"
d(1) = "1"
Case "C"
d(2) = "1"
Case "D"
d(3) = "1"
Case "E"
d(4) = "1"
End Select
Next
End If
```

```
        j = String.Format(j, Format(CDate(rs("data")(0)("rq").
ToString),"yyyy-MM-dd") & "第" & rs("data")(0)("cs").ToString & "题" &
rs("data")(0)("rs").ToString & "人",rs("data")(0)("zt").ToString,zt,
rs("data")(0)("rs").ToString,rs("data")(0)("cs").ToString,d(0),d
(1),d(2),d(3),d(4))
        Return j
        End Function

        Function gx_ydt(czid As String,zrs As String) As String
        Dim a(11) As String
        Dim da() As String
        Dim i As Integer
        For i = 0 To 11
    a(i) = ""
        Next
        sql = "select COUNT( * ) rs from kt_cz_user where czid = ? and zt = '
已参与'"
        rs = webapi.sqlhelp3(sql,{czid})
        a(10) = rs("data")(0)("rs").ToString
        If (zrs <> 0) Then
    a(11) = Math.Round(Val(rs("data")(0)("rs").ToString) / Val(zrs) *
100,0).ToString & " % "
        Else
    a(11) = "0 % "
        End If
        da = {"A","B","C","D","E"}
        For i = 0 To 4
```

```
sql = "select COUNT( * ) rs from kt_cz_user where czid = ? and zt = '已参与' and  da like '%" & da(i) & "|%'"
rs = webapi.sqlhelp3(sql,{czid})
a(i * 2) = rs("data")(0)("rs").ToString & "人"
If a(10) = "0" Then
  a(i * 2 + 1) = "0%"
Else
  a(i * 2 + 1) = Math.Round(Val(rs("data")(0)("rs").ToString) / Val(a(10)) * 100,0).ToString & "%"
End If
  Next
  Dim j = "{{""ar"":""{0}"",""ab"":""{1}"",""br"":""{2}"",""bb"":""{3}"",""cr"":""{4}"",""cb"":""{5}"",""dr"":""{6}"",""db"":""{7}"",""er"":""{8}"",""eb"":""{9}"",""rs"":""{10}"",""zb"":""{11}""}}"
  j = String.Format(j,a(0),a(1),a(2),a(3),a(4),a(5),a(6),a(7),a(8),a(9),a(10) & "人",a(11))
  Return j
  End Function
```

4.6.2 随堂测试题库

随堂测试题库，是独立于课程单独存在的。每位教师都可在自己的手机端建立题库，它不因某门课程的结束或删除而消失，可以在每门课程中进行发布、编辑和修改，更新后的题库可以用于该教师的所有课堂中。这种设置保证了题库中的试题既可以在不同课堂间使用，又能够差别化地进行发布。满足了教师面对不同年级、不同专业教授同一门课程时的差异化考核。

点击随堂测试中的“添加试题”按钮（图 4 - 10），进入随堂测试题库，主要功能如下：

1. 新增

点击“新增”按钮，弹出“新增试题”对话框（图4 - 12），输入试卷的题目，点击“提交”，试卷列表中出现该套试卷（图 4 - 13）。由于尚未设置试卷具体内容，当前试卷总分为 0 分。

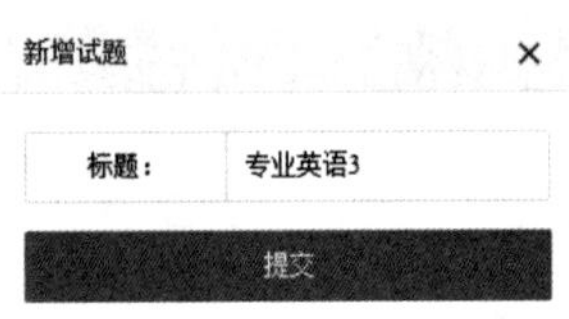

图 4 - 12　新增试卷界面

+ 新增　批量删除　发布

	序号	标题	总分	创建日期	操作
	1	专业英语3	0	2019/1/21 17:…	编辑 预览
	2	专业英语2	1	2019/1/21 15:…	编辑 预览
	3	专业英语1	8	2018/8/17 16:…	编辑 预览

图 4 - 13　试卷列表

2. 编辑

点击“专业英语 3”一行的“编辑”按钮，进入新增试题界面（图 4 - 14），该界面可以对新增试题进行修改、删除、保存等操作，主要功能包括：

（1）新增试题。点击“编辑”中的“新增”按钮，弹出“新增试题”对话框。教师在该界面下填写试题的题目、分值、类型（单选或多选）、选项（选项中间用英文分号隔开，系统会自动按照由 A 到 Z 的顺序分配字母）、答案（填入大写英文字母，若是多选则用英文逗号隔开）。当点击提交后，该试题保存，并弹出新的“新增试题”窗口。

（2）保存、预览。教师点击“保存”，即可对试题进行存储。“预览”功能方便教师检查出题情况。例如新增试题在教师端最终的呈现形式如图 4 - 15 所示，学生端显示与教师端几乎相同，仅缺少正确答案的显示。

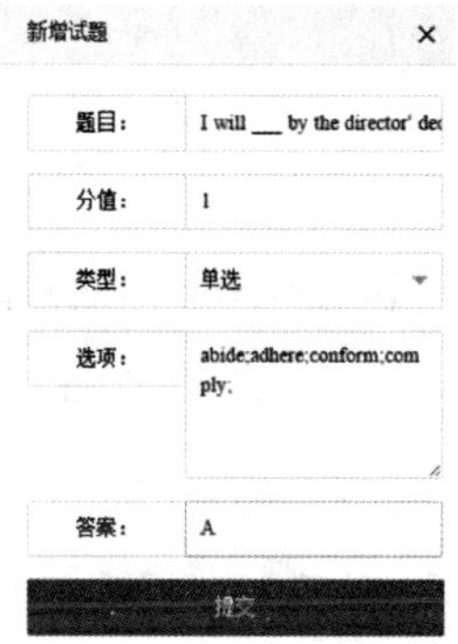

图 4－14　新增试题界面　　　　图 4－15　试题呈现形式

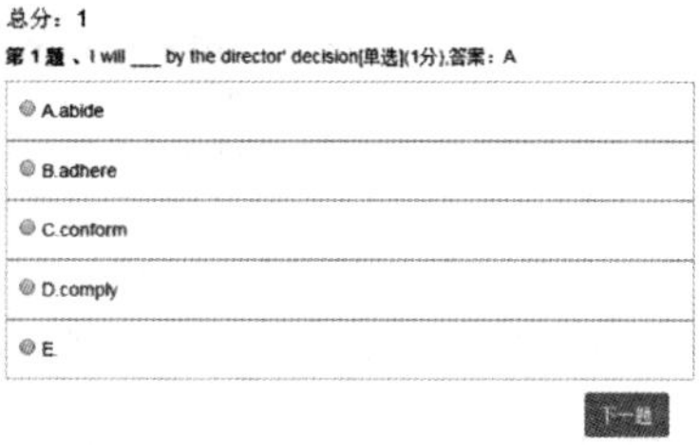

客户端代码

```
<!DOCTYPE html>
<html>
<head>
    <meta http-equiv="Content-Type" content="text/html; charset=utf-8" />
    <meta name="viewport" content="width=device-width,initial-scale=1,maximum-scale=1" />
    <link href="../../../../layuiadmin/layui/css/layui.css" rel="stylesheet" />
    <link href="../../../../layuiadmin/css/demo.css" rel="stylesheet" />
    <script src="../../../../layuiadmin/js/jquery-1.12.3.min.js"></script>
    <script src="../../../../layuiadmin/layui/layui.js"></script>
    <script src="../../../../layuiadmin/config.js"></script>
```

```
<title>新增试题</title>
</head>
<body>
<div class = "layui-btn-group" style = "margin:10px 0 0 10px;">
<button class = "layui-btn" data-type = "add">新增试题</button>
<button class = "layui-btn" data-type = "save">保存</button>
<button class = "layui-btn" data-type = "view">预览</button>
</div>
<form class = "layui-form layui-form-pane"  style = "margin:10px; padding:0px;">
<div class = "layui-form-item" >
<label class = "layui-form-label" >标题:</label>
<div class = "layui-input-block">
<input type = "text" id = "bt"  autocomplete = "off" placeholder = "" class = "layui-input" >
</div>
</div>
</form>
<table class = "layui-hide" id = "tab" lay-filter = "tab" style = "margin:0px;"></table>
<script type = "text/html" id = "barDemo">
<div class = "layui-btn-group">
<a class = "layui-btn layui-btn-normal layui-btn-xs" lay-event = "del">删除</a>
</div>
</script>
```

```
<form class="layui-form layui-form-pane"  id="form_post" lay-filter="form_post" style="margin:10px;display:none;">
<div class="layui-form-item">
<label class="layui-form-label">题目:</label>
<div class="layui-input-block">
<input type="text" name="title" lay-verify="required" autocomplete="off" placeholder="" class="layui-input">
</div>
</div>
<div class="layui-form-item">
<label class="layui-form-label">分值:</label>
<div class="layui-input-block">
<input type="text" name="score" lay-verify="required" autocomplete="off" placeholder="" class="layui-input" value="1">
</div>
</div>
<div class="layui-form-item">
<label class="layui-form-label">类型:</label>
<div class="layui-input-block">
<select lay-filter="type" id="type" name="type">
<option value="单选" selected="">单选</option>
<option value="多选">多选</option>
</select>
</div>
</div>
<div class="layui-form-item">
<label class="layui-form-label">选项:</label>
```

```
        <div class = "layui-input-block">
    <textarea name = "tmod" lay-verify = "required" autocomplete =
"off" placeholder = "选项中间用英文分号(;)分割,例:张三;李四" class
= "layui-textarea"></textarea>
        </div>
        </div>
        <div class = "layui-form-item">
        <label class = "layui-form-label">答案:</label>
        <div class = "layui-input-block">
    <input type = "text" name = "answer" lay-verify = "required" auto-
complete = "off" placeholder = "大写字母中间用英文逗号(,)分割,多选例
子:A,B" class = "layui-input">
        </div>
        </div>
        <button class = "layui-btn" lay-submit = "" lay-filter = "post"
style = "width:100 % ;">提交</button>
    </form>
    </body>
    <script>
        var form,layer,table;
        var t = 1000;
        var id = getUrlParam("id");
        var title ;
        var flot = false;
        var question = new Array();
        layui.use(['form','layer','table'],function () {
        form = layui.form;
```

```
  layer = layui. layer;
  table = layui. table;
  var active = {
add:function () {
  $ ('#form_post')[0]. reset();
  var index = layer. open({
  type:1,
  content: $ ('#form_post'),
  title:"新增试题",
  area:['320px','450px'],});   },
save:function () { //检测权限
  save_question();   },
view:function(){
  var url = "view. html? id = "  +  id;
  window. location. href = url;   },   };
  $ ('. layui-btn'). on('click',function () {
  var type = $ (this). data('type');
  active[type] ? active[type]. call(this) :";   });
  table. on('tool(tab)',function (obj) {
var data = obj. data;
if (obj. event = = = 'del') {
  layer. confirm('真的删除行么',function (index) {
  question. removeByValue(data. title);
  obj. del();
  save_question();   });   }   });
  form. on('submit(post)',function (data) {
question. push(data. field);
```

```
save_question();
return false;   });
  getbt();   });

  function gx_tlist(data) {
  table. render({
elem:'#tab'
   ,cols:[[
   { checkbox:true,fixed:true }
,{ type:'numbers',title:'序号' }
,{ field:'title',title:'标题',align:'center' }
,{ field:'score',title:'分值',align:'center' }
,{ field:'type',title:'类型',align:'center' }
,{ field:'tmod',title:'选项',align:'center' }
,{ field:'answer',title:'答案',align:'center' }
,{ title:'操作',fixed:'right',align:'center',toolbar:'#barDemo' }  ]]
   ,data:data
   ,page:false
   ,height:'full'  });  }
  function getbt() {
   $. ajaxSettings. async = false;
  var f = {'id':id};
  f = JSON. stringify(f);
   $. post(ashx_wx,{'method':'question','type':'6-1','field':f},
function (date) {
    date = JSON. parse(date);
    if (date. msg == "true") {
```

```
$("#bt").val(date.data[0].title);
question = JSON.parse(date.data[0].question);
gx_tlist(question); } });
$.ajaxSettings.async = true; }
function save_question() {
var index = load();
title = $("#bt").val();
var score = 0;
for (var i = 0; i < question.length; i++) {
question[i].id = i;
score = score + parseInt(question[i].score); }
var field = { 'id':id,'title':title,'question':question,'score':
score };
field = JSON.stringify(field);
$.post(ashx_wx,{ 'method':'question','type':'2','field':field },
function (date) {
date = JSON.parse(date);
if (date.msg == "true") {
$('#form_post')[0].reset();
close(index,'保存成功'); }
else {  close(index,'保存失败'); }
gx_tlist(question); }); }
</script>
</html>
<!DOCTYPE html>
<html>
<head>
```

```
<meta http-equiv = "Content-Type" content = "text/html; charset = utf-8" />
<meta name = "viewport" content = "width = device-width, initial-scale = 1,maximum-scale = 1" />
<link href = "../../../../layuiadmin/layui/css/layui.css" rel = "stylesheet" />
<link href = "../../../../layuiadmin/css/demo.css" rel = "stylesheet" />
<script src = "../../../../layuiadmin/js/jquery-1.12.3.min.js"></script>
<script src = "../../../../layuiadmin/layui/layui.js"></script>
<script src = "../../../../layuiadmin/config.js"></script>
<title>新增试题</title>
</head>
<body>
<div class = "layui-btn-group" style = "margin:10px 0 0 10px;">
<button class = "layui-btn" data-type = "add">新增试题</button>
<button class = "layui-btn" data-type = "save">保存</button>
<button class = "layui-btn" data-type = "view">预览</button>
</div>
<form class = "layui-form layui-form-pane" style = "margin:10px; padding:0px;">
<div class = "layui-form-item" >
<label class = "layui-form-label" >标题:</label>
<div class = "layui-input-block">
```

```
<input type = "text" id = "bt"  autocomplete = "off" placeholder
= "" class = "layui-input" >
        </div>
    </div>
    </form>
        <table class = "layui-hide" id = "tab" lay-filter = "tab" style
= "margin:0px;"></table>
        <script type = "text/html" id = "barDemo">
        <div class = "layui-btn-group">
        <a class = "layui-btn layui-btn-normal layui-btn-xs" lay-event =
"del">删除</a>
            </div>
        </script>
    <form class = "layui-form layui-form-pane"  id = "form_post" lay-
filter = "form_post" style = "margin:10px;display:none;">
        <div class = "layui-form-item">
        <label class = "layui-form-label">题目:</label>
        <div class = "layui-input-block">
        <input type = "text" name = "title" lay-verify = "required" auto-
complete = "off" placeholder = "" class = "layui-input">
        </div>
        </div>
        <div class = "layui-form-item">
        <label class = "layui-form-label">分值:</label>
        <div class = "layui-input-block">
        <input type = "text" name = "score" lay-verify = "required" auto-
complete = "off" placeholder = "" class = "layui-input" value = "1">
```

```
        </div>
        </div>
        <div class = "layui-form-item">
        <label class = "layui-form-label">类型:</label>
        <div class = "layui-input-block">
          <select lay-filter = "type" id = "type" name = "type">
          <option value = "单选" selected = "">单选</option>
          <option value = "多选">多选</option>
          </select>
        </div>
        </div>
        <div class = "layui-form-item">
        <label class = "layui-form-label">选项:</label>
        <div class = "layui-input-block">
          <textarea name = "tmod" lay-verify = "required" autocomplete
= "off" placeholder = "选项中间用英文分号(;)分割,例:张三;李四" class
= "layui-textarea"></textarea>
        </div>
        </div>
        <div class = "layui-form-item">
        <label class = "layui-form-label">答案:</label>
        <div class = "layui-input-block">
          <input type = "text" name = "answer" lay-verify = "required"
autocomplete = "off" placeholder = "大写字母中间用英文逗号(,)分割,多
选例子:A,B" class = "layui-input">
        </div>
        </div>
```

```
    <button class = "layui-btn" lay-submit = "" lay-filter = "post"
style = "width:100 % ;">提交</button>
  </form>
  </body>
  <script>
    var form,layer,table;
    var t = 1000;
    var id = getUrlParam("id");
    var title ;
    var flot = false;
    var question = new Array();
    layui.use(['form','layer','table'],function () {
    form = layui.form;
    layer = layui.layer;
    table = layui.table;
    var active = {
      add:function () {
       $ ('#form_post')[0].reset();
      var index = layer.open({
        type:1,
        content: $ ('#form_post'),
        title:"新增试题",
        area:['320px','450px'],  });  },
      save:function () { //检测权限
      save_question();  },
      view:function(){
      var url = "view.html? id = " + id;
```

```
  window. location. href = url;   },   };
$ ('. layui-btn'). on('click',function () {
  var type = $ (this). data('type');
  active[type] ? active[type]. call(this) :'';   });
table. on('tool(tab)',function (obj) {
  var data = obj. data;
  if (obj. event = = = 'del') {
  layer. confirm('真的删除行么',function (index) {
    question. removeByValue(data. title);
    obj. del();
    save_question();   });   }   });
form. on('submit(post)',function (data) {
  question. push(data. field);
  save_question();
  return false;   });
getbt();   });

function gx_tlist(data) {
table. render({
  elem:'#tab'
   ,cols:[[
   { checkbox:true,fixed:true }
   ,{ type:'numbers',title:'序号' }
   ,{ field:'title',title:'标题',align:'center' }
   ,{ field:'score',title:'分值',align:'center' }
   ,{ field:'type',title:'类型',align:'center' }
   ,{ field:'tmod',title:'选项',align:'center' }
```

```
        ,{ field:'answer',title:'答案',align:'center' }
        ,{ title:'操作',fixed:'right',align:'center',toolbar:'#
barDemo' }  ]]
        ,data:data
        ,page:false
        ,height:'full'  });  }
    function getbt() {
    $.ajaxSettings.async = false;
    var f = {'id':id};
    f = JSON.stringify(f);
    $.post(ashx_wx,{'method':'question','type':'6-1','field':f},
function (date) {
      date = JSON.parse(date);
      if (date.msg == "true") {
      $("#bt").val(date.data[0].title);
      question = JSON.parse(date.data[0].question);
      gx_tlist(question); }  });
    $.ajaxSettings.async = true;  }
    function save_question() {
    var index = load();
    title= $("#bt").val();
    var score = 0;
    for (var i = 0; i < question.length; i++) {
      question[i].id = i;
      score = score + parseInt(question[i].score);  }
    var field = { 'id':id,'title':title,'question':question,'score':
score };
```

```
field = JSON.stringify(field);
$.post(ashx_wx,{'method':'question','type':'2','field':field},
function (date) {    date = JSON.parse(date);
    if (date.msg == "true") {
    $('#form_post')[0].reset();
    close(index,'保存成功');    }
    else {    close(index,'保存失败');    }
    gx_tlist(question);  });  }
</script>
</html>
```

4.7 问卷调查

问卷调查是“华水云课堂”建设后期应广大教师要求而设置的重要功能。它不仅存在于每一门课堂内，而且在首页有专门的快捷按钮，以方便没有建立课程但需要收集信息的教师先行快速建立问卷。问卷调查包括问卷调查主功能和问卷题库两大模块。

4.7.1 问卷调查主功能

点击“问卷调查”按钮，进入问卷调查界面。当教师未设置任何问卷时，屏幕显示“空空如也”；通过添加问卷，发布的问卷出现在问卷调查界面，如图 4-16 所示，标记为“未进行”；正在进行的问卷标注为“进行中”；已进行完的问卷会一直保留于该界面，标记为“已结束”，方便教师查看。

点击图中“添加问卷”，即可进入问卷操作界面（图 4-17）。

图 4-16　问卷调查界面

图 4-17　问卷操作界面

主要功能包括：预览；开始与结束；删除；下一题；调查结果；答题卡。

1. 预览

图 4-17 显示了“《专业英语》课程感知”问卷的第一题，状态为：未进行。题目、选项与具体选择情况清晰可见。

2. 开始与结束

在点击“开始”按钮前，学生无法填写问卷。点击“开始”后，页面状态为：进行中。学生端允许填写；当教师点击“结束”时，学生端不能继续填写，系统处理结果，并反馈到教师移动端。

3. 删除

通过删除按钮可以删除当前所在问卷。删除后的题目不再计入统计结果。

4. 下一题

点击“下一题”按钮，可以查看接下来的题目，系统也将当前画面更新为原画面的下一题。在学生填写问卷期间教师点击下一题，

只用于查看当前问卷回答情况，不影响学生的作答。

5. 调查结果

点击“调查结果”，弹出结果对话框。该对话框显示了每个问卷选项选择的人数与所占比例，方便教师判断。

6. 答题卡

点击“展开答题卡”，显示了该套问卷所有题目的序号，点击相应题号，能够直接显示该题信息，方便教师快速查询。

客户端代码

```
<!DOCTYPE html>
<html>
<head lang="en">
<meta charset="UTF-8">
<title>预览</title>
<meta name="viewport" content="width=device-width, initial-scale=1,maximum-scale=1" />
    <link href="../css/bootstrap-3.3.4.css" rel="stylesheet" />
    <link href="../css/index.css" rel="stylesheet" />
    <script src="../js/jquery-1.9.1.min.js"></script>
    <script src="../js/bootstrap.js"></script>
    <link href="../../../../layuiadmin/layui/css/layui.css" rel="stylesheet" />
    <script src="../../../../layuiadmin/layui/layui.js"></script>
    <script src="../../../../layuiadmin/config.js"></script>
<script>
    var id=getUrlParam("id");
```

```
var questions;
var title;
var type;
var itemList = ["A","B","C","D","E","F","G","H","I","J","K","
L","M","N","O","P"]
var activeQuestion = 0; //当前操作的考题编号
var questioned = 0; //
var checkQues = []; //已做答的题的集合
var ispost = false;
var zt;
var cyrs = 0;
var layer,table;
//展示考卷信息
function showQuestion(id) {
if (activeQuestion != undefined) {
$("#ques" + activeQuestion).removeClass("question_id").ad-
dClass("active_question_id"); }
activeQuestion = id;
$(".question").find(".question_info").remove();
var question = questions[id];
$(".question_title").html("<strong>第 " + (id + 1) + " 题、
</strong>" + question.title + "[" + question.type + "]");
var items = question.tmod.split(";");
var item = "";
type = question.type;
for (var i = 0; i < items.length; i++) {
var xx = "radio";
```

```
if (question.type == "多选") {   xx = "checkbox"   }
item = "<li class = 'question_info' onclick = 'clickTrim(this)' id = 'item"
    + i + "'><input type = '" + xx + "' name = 'item' value = '" + itemList[i] + "'> " + itemList[i] + "." + items[i] + "</li>";
$ (".question").append(item);   }
  $ (".question").attr("id","question" + id);
  $ ("#ques" + id).removeClass("active_question_id").addClass("question_id");
  for (var i = 0; i < checkQues.length; i++) {
if (checkQues[i].id == id) {
  items = checkQues[i].item.split(",");
  for (var j = 0; j < items.length; j++) {
  $ ("#" + items[j]).find("input").prop("checked","checked");
  $ ("#" + items[j]).addClass("clickTrim");   }
  $ ("#ques" + activeQuestion).addClass("clickQue");   }   }   }

  /*答题卡*/
  function answerCard() {
  for (var i = 0; i < questions.length; i++) {
var questionId = "<li id = 'ques" + i + "' onclick = 'saveQuestionState(" + i + ")' class = 'questionId'>" + (i + 1) + "</li>";
$ ("#answerCard ul").append(questionId);   }   }

  /*选中考题*/
  function clickTrim(source) {
  if (ispost == false) {
```

```
var id = source.id;
if ($("#" + id).find("input").is(":checked")) {
  $("#" + id).find("input").prop("checked",false);
  $("#" + id).removeClass("clickTrim");  }
else {
  $("#" + id).find("input").prop("checked","check");
  $("#" + id).addClass("clickTrim");  }
if (type == "单选") {
  $("#" + id).find("input").prop("checked","check");
  $("#" + id).addClass("clickTrim");  }
var items = "";
var answers = "";
$(".question_info").each(function () {
  var otherId = $(this).attr("id");
  if ($("#" + otherId).find("input").is(":checked")) {
  items = items + otherId + ",";
  answers = answers + $("#" + otherId).find("input[name =
item]:checked").val() + ",";  }  })
if (answers != "") {
  items = items.substr(0,items.length - 1);
  answers = answers.substr(0,answers.length - 1);
  $("#ques" + activeQuestion).addClass("clickQue");  }
else {
  $("#ques" + activeQuestion).removeClass("clickQue");  }
var ques = 0;
for (var i = 0; i < checkQues.length; i++) {
  if (checkQues[i].id == activeQuestion) {
```

```
          checkQues.splice(i,1);
          var check = {};
          check.id = activeQuestion;//获取当前考题的编号
          check.item = items;//获取当前考题的选项 ID
          check.answer = answers;//获取当前考题的选项值
          checkQues.push(check);
          ques = 1;   }   }
        if (ques == 0) {
          var check = {};
          check.id = activeQuestion;//获取当前考题的编号
          check.item = items;//获取当前考题的选项 ID
          check.answer = answers;//获取当前考题的选项值
          checkQues.push(check);   }   }   }

          /*保存考题状态 已作答的状态*/
          function saveQuestionState(clickId) {
          showQuestion(clickId)   }
          //获取试题
          function getquestion() {
          $.ajaxSettings.async = false;
          var f = {'id':id};
          f = JSON.stringify(f);
          $.post(ashx_wx,{'method':'question','type':'6','field':f},
    function (date) {
        date = JSON.parse(date);
        if (date.msg == "true") {
          date = date.data[0];
```

```
        zt = date. zt;
        $ (". question_result"). html("<h4>状态:" + zt + "</h4>");
        questions = JSON. parse(date. question);
        title = date. title;
        $ ("title"). html(title);   }   });
        $ . ajaxSettings. async = true;   }
        //获取答案
        function getresult() {
        $ . ajaxSettings. async = false;
        var f = { 'id':id };
        f = JSON. stringify(f);
        $ . post(ashx_wx, { 'method':'question','type':'9','field':f },
function (date) {
    date = JSON. parse(date);
    if (date. msg == "true") {
        date = date. data[0];
        checkQues = JSON. parse(date. da);
        ispost = true;
        msg = "已提交"   }   });
        $ . ajaxSettings. async = true;   }
        $ (function () {
        layui. use(['layer','table'],function () {
    layer = layui. layer;
    table = layui. table;   });
        getquestion();
        if (zt == "已结束") { getfalse(); }
        answerCard();
```

```
showQuestion(0);

/*答题卡的切换*/
$("#openCard").click(function () {
$("#closeCard").show();
$("#answerCard").slideDown();
$(this).hide();  })
$("#closeCard").click(function () {
$("#openCard").show();
$("#answerCard").slideUp();
$(this).hide();  })

function getfalse() {
var f = { 'id':id };
f = JSON.stringify(f);
$.post(ashx_wx,{ 'method':'question','type':'13','field':f },func-
tion (date) {
//alert(date);
date = JSON.parse(date);
var data = date.data;
cyrs = data.length;
for (var i = 0; i < questions.length; i++) {
var a = questions[i].tmod;
a = a.split(";");
var item = [];
for (var k = 0; k < a.length; k++) {
var item_val = {};
```

```
item_val. item = a[k];
var js = 0;
for (j = 0; j < data. length; j + + ) {
  var da = JSON. parse(data[j]. da);
  da = da[i]. answer;
  da = da. split(",");
  for (var l = 0; l < da. length;l + + ){
  if ( parseInt(da[l]) = = k) {
js = js + 1;  }  }  }
item_val. val = js;
item_val. zb = Number(js / data. length * 100). toFixed(0) + "%"
item. push(item_val);  }
  checkQues. push(item); }
  // alert(JSON. stringify(checkQues));  })  }
  //进入下一题
  $ ("#nextQuestion"). click(function () {
if ((activeQuestion + 1) ! = questions. length) {
  showQuestion(activeQuestion + 1);  }
else {  showQuestion(activeQuestion);  } })
  $ ("#begin"). click(function () {
if (zt = = "已结束") {  layer. msg("问卷已结束",{ time:1000 });  }
else if(zt = = "未进行"){
  $ . ajaxSettings. async = false;
  var f = { 'id':id,'zt':'进行中' };
  f = JSON. stringify(f);
  $ . post(ashx_wx,{ 'method':'question','type':'11','field':f },
function (date) {
```

```
date = JSON.parse(date);
if (date.msg == "true") {   zt = "进行中";
$(".question_result").html("<h4>状态:进行中</h4>");
layer.msg(zt,{ time:1000 });  }  });
$.ajaxSettings.async = true;  }  })
$("#end").click(function () {
if (zt == "已结束") {   layer.msg(zt,{ time:1000 });  }
else if (zt == "进行中") {
$.ajaxSettings.async = false;
var f = { 'id':id,'zt':'已结束' };
f = JSON.stringify(f);
$.post(ashx_wx,{ 'method':'question','type':'11','field':f },
function (date) {
date = JSON.parse(date);
if (date.msg == "true") {   zt = "已结束";
$(".question_result").html("<h4>状态:已结束</h4>");
layer.msg(zt,{ time:1000 });
getfalse();  }  });
$.ajaxSettings.async = true;  }  })
$("#del").click(function () {
layer.confirm("是否删除该问卷",function (index) {
$.ajaxSettings.async = false;
var f = { 'id':id };
f = JSON.stringify(f);
$.post(ashx_wx,{ 'method':'question','type':'12','field':f },
function (date) {
date = JSON.parse(date);
```

```
   if (date. msg = = "true") {
window. history. go(-1);   }   });
   $ . ajaxSettings. async = true;   });   })
   $ (" # jg"). click(function () {
data = checkQues[activeQuestion];
   // alert(JSON. stringify(data))
 $ (" # rs"). text( cyrs );
gx_tab(data);
layer. open({
   type:1,
   content: $ ('# tab1 '),
   title:questions[activeQuestion]. title,
   area:[' 350px ',' 400px '],
   shadeClose:true   });   })
   $ (" # tab_jg"). click(function () {
gx_zcj();
layer. open({
   type:1,
   content: $ ('# tab1 '),
   title:'总成绩',
   area:[' 350px ',' 400px '],
   shadeClose:true   });   })
   function gx_tab(data) {
table. render({
   elem:'# tab_jg'
   ,cols:[[  { field:' item ',title:'选项',width:' 100 ',align:' center ' }
   ,{ field:' val ',title:'人数',width:' 100 ',align:' center ' }
```

```
,{ field:'zb',title:'占比',width:'100',align:'center' }  ]]
,page:false
,height:'full'
,width:320
,data:data  }); }  })
</script>
</head>
<body>
<div>
<div class = "col-md-1"></div>
<div class = "col-md-10">
<div class = "content">
<div style = " width: 100 % ; height: auto; display: inline-block; border:1px solid white;position:relative;margin-top:10px;">
<div style = "width:100 % ;height:auto;display:inline-block;border:1px solid #CCC;border-bottom:1px dashed #CCC;background:#FFF;">
<div style = "width:100 % ;height:90 % ;padding:10px;">
<!--试题区域-->
<ul class = "list-unstyled question" id = "" name = "">
<li class = "question_result">
<h4>状态:</h4>
</li>
<li class = "question_title"></li>
</ul>
<!--考题的操作区域-->
<div class = "operation" style = "margin-top:10px;">
<div class = "text-left" style = "margin-right:20px;">
```

```
<div class = "form-group" style = "color: # FFF; margin-bottom:
0px;">
<!--<button class = "btn btn-success" id = "submitQuestions">
提交试卷</button>-->
<button class = "btn btn-info" id = "begin">开始</button>
<button class = "btn btn-info" id = "end">结束</button>
<button class = "btn btn-info" id = "del">删除</button>
<button class = "btn btn-info" id = "nextQuestion">下一题</
button>
<button class = "btn btn-info" id = "jg">调查结果</button>
</div>
</div>
</div>
</div>
</div>
<div style = "width: 100 % ; height: auto; display: inline-block;
border:1px solid # CCC;border-top:none;background: # FFF;">
<div style = "width:100 % ;padding:5px;">
<div class = "panel-default">
<div class = "panel-heading" class = "panel-heading" id = "
closeCard" style = "color: # DCE4EC; font-size: 15px; display: none; back-
ground:none;">
<span>收起答题卡</span> <span class = "glyphicon glyphicon-
chevron-up"></span> </div>
<div class = "panel-heading" id = "openCard" style = "font-size:
15px;background:none;"> <span>展开答题卡</span> <span class = "
glyphicon glyphicon-chevron-down"></span> </div>
```

```
<div id="answerCard" style="display:none;">
<div class="panel-body form-horizontal" style="padding:0px;">
<ul class="list-unstyled">
</ul>
</div>
</div>
</div>
<div class="col-md-10" id="tab1" style="width:320px;
display:none;">
参与人数:<span id="rs"></span>
<table class="layui-hide" id="tab_jg" ></table>
</div>
</body>
</html>
```

服务端代码

```
'调查问卷
Function sub_question(type As String,f As JObject) As String
'msg=""
Select Case type
Case "0" '权限检测
If userinfo("type")="学生" Then
sql = "select * from kt_user where ktbh = ? and userid = ? and
iszhujiao='是'"
msg=webapi.sqlhelp2(sql,{f("bh").ToString,openid})
'If JObject.Parse(msg)("msg").ToString="true" Then
'  msg="{""msg"":""false""}"
```

```
GoTo err
'End If
End If
msg = "{""msg"":""true""}"
Case "1" '新增试题
If userinfo("type").ToString = "教师" Then
sql = " insert into question(userid,title,question,type,rq)
values(?,?,'[]',?,getdate())"
Else
sql = " insert into question(userid,title,question,type,rq)
values((select userid from ktxx where bh = (select ktbh from kt_
user where
userid = ?)),?,'[]',?,getdate())"
End If
msg = webapi.sqlhelp2(sql,{openid,f("title").ToString,f
("type").ToString})
Case "2" '修改
sql = "update question set title = ?,question = ?,score = ? where
id = ?"
msg = webapi.sqlhelp2(sql,{f("title").ToString,f("question")
.ToString,f("score").ToString,f("id").ToString})
Case "3" '删除
sql = "select * from kt_cz where bz = ?"
msg = webapi.sqlhelp2(sql,{f("id").ToString})
If Val(JObject.Parse(msg)("count").ToString) > 0 Then
msg = "{""msg"":""该" + JObject.Parse(msg)("data")(0)("cz")
.ToString + "正在使用""}"
```

```
GoTo err
End If
sql = "delete question where id = ?"
msg = webapi.sqlhelp2(sql,{f("id").ToString})
Case "4" '显示
Case "5" '教师获取题目列表
sql = "select a.id,ktbh,cz,zt,title,question,a.rq,a.bz" &
",rs = (select COUNT( * ) from kt_cz_user c where c.czid = a.id)" &
" from kt_cz a,question b where a.ktbh = ? and a.bz = b.id and a.cz
= ? order by a.rq desc"
msg = webapi.sqlhelp2(sql,{f("bh").ToString,f("cz").ToString})
Case "5-1" '学生获取题目列表
sql = "select a.id,ktbh,cz,zt,title,question,a.rq,a.bz" &
",rs = (select COUNT( * ) from kt_cz_user c where c.czid = a.id)" &
" from kt_cz a,question b where a.ktbh = ? and a.bz = b.id and a.cz
= ? and zt<>'未进行' order by a.rq desc"
msg = webapi.sqlhelp2(sql,{f("bh").ToString,f("cz").ToString})
Case "6" '获取试题信息
sql = " select a.id, ktbh, cz, zt, title, question, a.rq, a.bz,
b.score" &
",rs = (select COUNT( * ) from kt_cz_user c where c.czid = a.id)" &
" from kt_cz a,question b where a.bz = b.id and a.id = ?"
msg = webapi.sqlhelp2(sql,{f("id").ToString})
Case "6-1" '获取试题信息1
sql = "select * from question b where id = ?"
msg = webapi.sqlhelp2(sql,{f("id").ToString})
Case "7" '发布试题
```

```
sql = "insert into kt_cz(ktbh,cz,bz,rq,zt) values(?,?,?,getdate(),'未进行')"
msg = webapi.sqlhelp2(sql,{f("bh").ToString,f("cz").ToString,f("id").ToString})
Case "8" '获取试题列表
sql = "select id,title,question,score,rq from question where userid = (select userid from ktxx where bh = ?) and type = ? order by rq desc"
msg = webapi.sqlhelp2(sql,{f("bh").ToString,f("type").ToString})
Case "9" '获取试题状态
sql = "select * from kt_cz_user where czid = ? and userid = ?"
msg = webapi.sqlhelp2(sql,{f("id").ToString,openid})
Case "10" '保存答案
sql = "insert into kt_cz_user(czid,cz,userid,rq,zt,da,score) values(?,?,?,getdate(),'已参与',?,?)"
msg = webapi.sqlhelp2(sql,{f("id").ToString,f("type").ToString,openid,f("result").ToString,f("score").ToString})
Case "11" '试题状态
sql = "update kt_cz set zt = ? where id = ?"
msg = webapi.sqlhelp2(sql,{f("zt").ToString,f("id").ToString})
Case "12" '删除试题
sql = "delete kt_cz_user where czid = ?"
msg = webapi.sqlhelp2(sql,{f("id").ToString})
sql = "delete kt_cz where id = ?"
msg = webapi.sqlhelp2(sql,{f("id").ToString})
Case "13" '获取学生答案
sql = "select username,da from kt_cz_user a ,userinfo b where
```

```
a.userid = b.openid and a.czid = ?"
        msg = webapi.sqlhelp2(sql,{f("id").ToString})
    Case "14" '显示总成绩
        sql = "select b.username,a.score from kt_cz_user a,userinfo b
where a.userid = b.openid and czid = ?"
        msg = webapi.sqlhelp2(sql,{f("id").ToString})
        End Select
    err:
        Return msg
        End Function
```

4.7.2 问卷题库

问卷题库是独立于课程的单独存在。每个教师都可在自己的手机端建立问卷题库，且不因某门课程的结束或删除而消失，可以在每门课程中进行问卷发布、编辑和修改，更新后的问卷题库可以用于该教师的所有课堂，以及主界面的“调查问卷”功能中。这种设置保证了问卷既可以被不同课堂反复使用，又能够差别化地进行发布。满足了教师多方面的需求。

点击问卷题库中的“添加试题”按钮，进入题库，主要功能包括：新增；编辑。

1. 新增

点击“新增”按钮，弹出对话框“新增问卷”（图 4 - 18），输入问卷标题，点击“提交”。

2. 编辑

点击“编辑”按钮，进入“新增问卷”试题界面（图 4 - 19），该界面能够对新增试题进行修改、删除、保存等操作，主要功能包括：

新增问卷
×
标题：
《专业英语》课程感知
提交

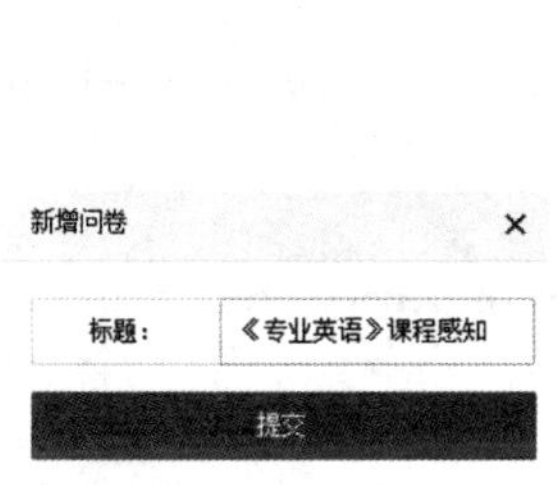

图 4-18　“新增问卷”界面

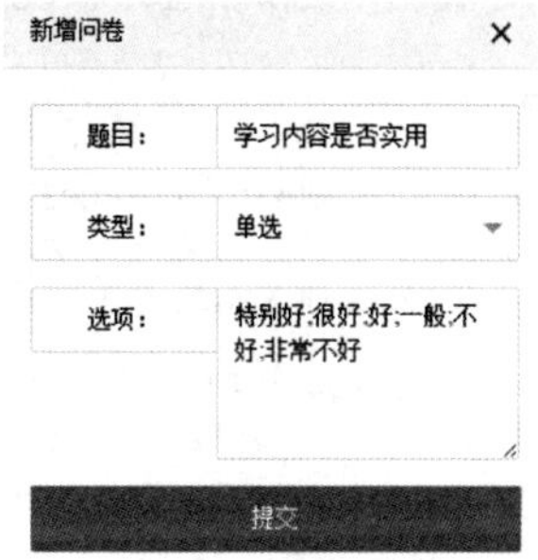

新增问卷
×
题目：
学习内容是否实用
类型：
单选
选项：
特别好;很好;好;一般;不好;非常不好
提交

图 4-19　“新增问卷”试题界面

(1) 新增问卷试题。点击“新增试题”按钮，弹出“新增试题”对话框。教师在该页面下填写试题的题目、类型（单选或多选）、选项(选项中间用英文分号隔开，系统会自动按照由 A 到 Z 的顺序分配字母)。当点击提交后，该试题保存，并弹出新的“新增试题”窗口。

(2) 保存、预览和删除。教师点击“保存”，即可对试题进行存储。“预览”功能方便教师查看出题情况。新增试题在教师端最终的呈现形式如图 4-20 所示。

第 3 题 、学习内容是否实用[单选]
A.特别好
B.很好
C.好
D.一般
E.不好
F.非常不好
下一题

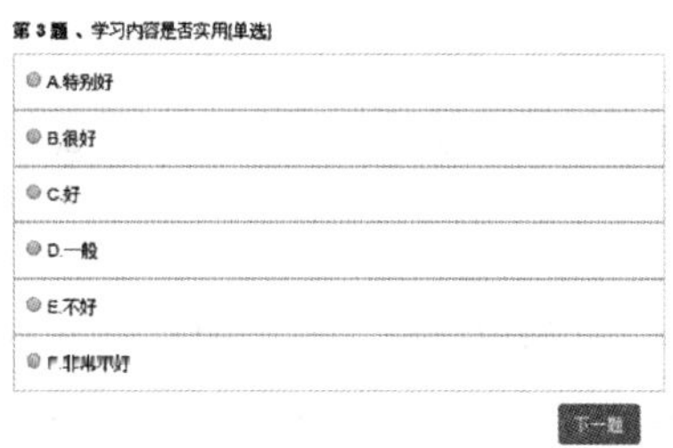

图 4-20　问卷题目呈现形式

客户端代码

```
<!DOCTYPE html>
<html>
<head>
```

```
<meta http-equiv = "Content-Type" content = "text/html; charset = utf-8" />
<meta name = "viewport" content = "width = device-width, initial-scale = 1,maximum-scale = 1" />
<link href = "../../../../layuiadmin/layui/css/layui.css" rel = "stylesheet" />
<link href = "../../../../layuiadmin/css/demo.css" rel = "stylesheet" />
<script src = "../../../../layuiadmin/js/jquery-1.12.3.min.js"></script>
<script src = "../../../../layuiadmin/layui/layui.js"></script>
<script src = "../../../../layuiadmin/config.js"></script>
<title>新增问卷</title>
</head>
<body>
<div class = "layui-btn-group" style = "margin:10px 0 0 10px;">
<button class = "layui-btn" data-type = "add">新增问卷</button>
<button class = "layui-btn" data-type = "save">保存</button>
<button class = "layui-btn" data-type = "view">预览</button>
</div>
<form class = "layui-form layui-form-pane" style = "margin:10px;padding:0px;">
<div class = "layui-form-item" >
<label class = "layui-form-label" >标题:</label>
<div class = "layui-input-block">
```

```
        <input type = "text" id = "bt"  autocomplete = "off" placeholder = "" class = "layui-input" >
        </div>
      </div>
      </form>
        <table class = "layui-hide" id = "tab" lay-filter = "tab" style = "margin:0px;"></table>
        <script type = "text/html" id = "barDemo">
        <div class = "layui-btn-group">
        <a class = "layui-btn layui-btn-normal layui-btn-xs" lay-event = "del">删除</a>
        </div>
        </script>
      <form class = "layui-form layui-form-pane"  id = "form_post" lay-filter = "form_post" style = "margin:10px;display:none;">
        <div class = "layui-form-item">
        <label class = "layui-form-label">题目:</label>
        <div class = "layui-input-block">
        <input type = "text" name = "title" lay-verify = "required" autocomplete = "off" placeholder = "" class = "layui-input">
        </div>
        <div class = "layui-form-item">
        <label class = "layui-form-label">类型:</label>
        <div class = "layui-input-block">
        <select lay-filter = "type" id = "type" name = "type">
     <option value = "单选" selected = "">单选</option>
     <option value = "多选">多选</option>
```

```
</select>
</div>
<div class = "layui-form-item">
<label class = "layui-form-label">选项:</label>
<div class = "layui-input-block">
<textarea name = "tmod" lay-verify = "required" autocomplete = "off" placeholder = "选项中间用英文分号(;)分割,例:张三;李四" class = "layui-textarea"></textarea>
</div>
<button class = "layui-btn" lay-submit = "" lay-filter = "post" style = "width:100 % ;">提交</button>
</form>
</body>
<script>
var form,layer,table;
var t = 1000;
var id = getUrlParam("id");
var title ;
var flot = false;
var question = new Array();
layui.use(['form','layer','table'],function () {
form = layui.form;
layer = layui.layer;
table = layui.table;
var active = {
add:function () {
$ ('#form_post')[0].reset();
```

```
var index = layer. open({
type:1,
content: $ ('#form_post'),
title:"新增问卷",
area:['320px','345px'],});  },
  save:function () { //检测权限
save_question();  },
  view:function(){
var url = "view. html? id = " + id;
window. location. href = url;  },  };
  $ ('. layui-btn'). on('click',function () {
var type = $ (this). data('type');
active[type] ? active[type]. call(this) :";  });
  table. on('tool(tab)',function (obj) {
  var data = obj. data;
  if (obj. event = = = 'del') {
layer. confirm('真的删除行么',function (index) {
question. removeByValue(data. title);
obj. del();
save_question(); });  }  });
  form. on('submit(post)',function (data) {
  question. push(data. field);
  save_question();
  return false;  });
  getbt();  });

  function gx_tlist(data) {
```

```
table.render({
  elem:'#tab'
,cols:[[ { checkbox:true,fixed:true }
  ,{ type:'numbers',title:'序号' }
  ,{ field:'title',title:'标题',align:'center' }
  ,{ field:'type',title:'类型',align:'center' }
  ,{ field:'tmod',title:'选项',align:'center' }
  ,{ title:'操作',fixed:'right',align:'center',toolbar:'#barDemo' }   ]]
,data:data
,page:false
,height:'full'  });   }
  function getbt() {
   $.ajaxSettings.async = false;
  var f = {'id':id};
  f = JSON.stringify(f);
   $.post(ashx_wx,{'method':'question','type':'6-1','field':f},
function (date) {
  date = JSON.parse(date);
  if (date.msg == "true") {
 $("#bt").val(date.data[0].title);
question = JSON.parse(date.data[0].question);
gx_tlist(question);  }  });
   $.ajaxSettings.async = true;   }
  function save_question() {
  var index = load();
  title= $("#bt").val();
  var score = 0;
```

```
for (var i = 0; i < question.length; i + + ) {
question[i].id = i;  }
var field = { 'id':id,'title':title,'question':question,'score':
score };
field = JSON.stringify(field);
$ .post(ashx_wx,{ 'method':'question','type':'2','field':field },
function (date) {
date = JSON.parse(date);
if (date.msg = = "true") {
$ ('#form_post')[0].reset();
close(index,'保存成功');  }
else { close(index,'保存失败');  }
gx_tlist(question);  });  }
</script>
</html>
<html>
<head lang = "en">
<meta charset = "UTF-8">
<title>预览</title>
<meta name = "viewport" content = "width = device-width, initial-
scale = 1,maximum-scale = 1" />
<link href = "../css/bootstrap-3.3.4.css" rel = "stylesheet" />
<link href = "../css/index.css" rel = "stylesheet" />
<script src = "../js/jquery-1.9.1.min.js"></script>
<script src = "../js/bootstrap.js"></script>
<script src = "../../../../layuiadmin/config.js"></script>
<script>
```

```
var id = getUrlParam("id");
var questions;
var title;
var type;
var itemList = ["A","B","C","D","E","F","G","H","I","J","K","
L","M","N","O","P"]
var activeQuestion = 0; //当前操作的考题编号
var questioned = 0; //
var checkQues = []; //已做答的题的集合
var ispost = false;
//展示考卷信息
function showQuestion(id) {
if (activeQuestion ! = undefined) {
$ (" # ques" + activeQuestion). removeClass ( " question _ id")
. addClass("active_question_id"); }
activeQuestion = id;
$ (". question"). find(". question_info"). remove();
var question = questions[id];
$ (". question_title"). html("<strong>第 " + (id + 1) + " 题
、</strong>" + question. title + "[" + question. type + "]");
var items = question. tmod. split(";");
var item = "";
type = question. type;
for (var i = 0; i < items. length; i + + ) {
var xx = "radio";
if (question. type = = "多选") {
xx = "checkbox" }
```

```
item = "<li class = 'question_info' onclick = 'clickTrim(this)' id
= 'item"
+ i + "'><input type = '" + xx + "' name = 'item' value = '" + item-
List[i] + "'> " + itemList[i] + "." + items[i] + "</li>";
$ (".question").append(item); }
$ (".question").attr("id","question" + id);
$ ("#ques" + id).removeClass("active_question_id").addClass
("question_id");
for (var i = 0; i < checkQues.length; i++) {
if (checkQues[i].id == id) {
items = checkQues[i].item.split(",");
for (var j = 0; j < items.length; j++) {
$ ("#" + items[j]).find("input").prop("checked","checked");
$ ("#" + items[j]).addClass("clickTrim"); }
$ ("#ques" + activeQuestion).addClass("clickQue"); } } }
/*答题卡*/
function answerCard() {
for (var i = 0; i < questions.length; i++) {
var questionId = "<li id = 'ques" + i + "' onclick = 'saveQues-
tionState(" + i + ")' class = 'questionId'>" + (i + 1) + "</li>";
$ ("#answerCard ul").append(questionId); } }
/*选中考题*/
function clickTrim(source) {
if (ispost == false) {
var id = source.id;
if ($ ("#" + id).find("input").is(":checked")) {
$ ("#" + id).find("input").prop("checked",false);
```

```
$("#" + id).removeClass("clickTrim"); }
else {
$("#" + id).find("input").prop("checked","check");
$("#" + id).addClass("clickTrim"); }
if (type == "单选") {
$("#" + id).find("input").prop("checked","check");
$("#" + id).addClass("clickTrim"); }
var items = "";
var answers = "";
$(".question_info").each(function () {
var otherId = $(this).attr("id");
if ($("#" + otherId).find("input").is(":checked")) {
items = items + otherId + ",";
answers = answers + $("#" + otherId).find("input[name = item]:
checked").val() + ","; } })
if (answers != "") {
items = items.substr(0,items.length - 1);
answers = answers.substr(0,answers.length - 1);
$("#ques" + activeQuestion).addClass("clickQue"); }
else {
$("#ques" + activeQuestion).removeClass("clickQue"); }
var ques = 0;
for (var i = 0; i < checkQues.length; i++) {
if (checkQues[i].id == activeQuestion) {
checkQues.splice(i,1);
var check = {};
check.id = activeQuestion;//获取当前考题的编号
```

```
check. item = items;//获取当前考题的选项 ID
check. answer = answers;//获取当前考题的选项值
checkQues. push(check);
ques = 1; }  }
  if (ques = = 0) {
var check = {};
check. id = activeQuestion;//获取当前考题的编号
check. item = items;//获取当前考题的选项 ID
check. answer = answers;//获取当前考题的选项值
checkQues. push(check);  }  }  }

  /* 保存考题状态 已作答的状态 */
  function saveQuestionState(clickId) {
  showQuestion(clickId)  }
  //获取试题
  function getquestion() {
  $ . ajaxSettings. async = false;
  var f = { 'id':id };
  f = JSON. stringify(f);
  $ . post(ashx_wx,{ 'method'.'question','type':'6 1','field':f },
function (date) {
  date = JSON. parse(date);
  if (date. msg = = "true") {
date = date. data;
questions = JSON. parse(date[0]. question);
title = date[0]. title + "[预览]";
$ ("title"). html(title);  }  });
```

```
$.ajaxSettings.async = true;   }
$(function () {
getquestion();
answerCard();
showQuestion(0);
/*答题卡的切换*/
$("#openCard").click(function () {
$("#closeCard").show();
$("#answerCard").slideDown();
$(this).hide();   })
$("#closeCard").click(function () {
$("#openCard").show();
$("#answerCard").slideUp();
$(this).hide();   })
//进入下一题
$("#nextQuestion").click(function () {
if ((activeQuestion + 1) ! = questions.length) {
showQuestion(activeQuestion + 1);   }
else {
showQuestion(activeQuestion);   }   })   })
</script>
</head>
<body>
</html>
```

第5章 “华水云课堂”其他功能描述与实现

“华水云课堂”除“教师云课堂”这一核心功能外，还有多个辅助功能用以提高教师教学信息化水平，包括：学生云课堂、教师校历、通讯录、调查问卷等。本章将详细阐述以上功能。

5.1 学生云课堂的功能描述与实现

“华水云课堂”手机端学生使用功能集中于主界面左下方“云课堂”的“学生云课堂”中（详见本书第3章图3-2），主要用于配合教师上课利用移动设备开展诸如：学生签到、课堂测验、调查问卷等互动教学活动。“学生云课堂”中多数功能使用方法为：首先被动接受教师端发出的指令，再进行主动操作，并将过程数据经服务器的存储和分析，最后传输显示于教师手机端；其目的是提高教师对学生知识掌握情况的了解，辅助提高课堂授课效率。

5.1.1 学生注册

当学生关注“华水云课堂”公众号后，第一次点击“学生云课堂”，首先进入学生注册界面（图5-1）。学生注册信息根据华北水利水电大学学生相关信息填写，系统将对注册信息进行保存，并分配学生权限。

图 5-1 学生端“学生注册”界面

“学生注册”主要功能包括：选择所在院系，输入姓名、性别、学号、班级、电话，点击“立即注册”后，即可完成。学生所在学院的教师可查询学生的电话。由于学生没有 PC 端系统，因此无密码设置。

客户端代码

```
<!DOCTYPE html>
<html>
<head>
    <meta http-equiv = "Content-Type" content = "text/html; charset = utf-8" />
    <meta name = "viewport" content = "width = device-width, initial-scale = 1,maximum-scale = 1" />
    <link href = "../../../layuiadmin/layui/css/layui.css" rel = "stylesheet" />
    <link href = "../../../layuiadmin/css/demo.css" rel = "stylesheet" />
```

```
<script src="../../../layuiadmin/layui/layui.js">
</script>
<script src="../../../layuiadmin/config.js"></script>
<title>学生注册</title>
<meta charset="utf-8" />
<style>
form {background-color:#fff;box-shadow:2px 2px 3px #aaaaaa;}
</style>
<script>
var form,layer,element,table,upload,$;

var t = 1000;
var flot_reg = false;
layui.use(['form','layer','element','table','upload',"jquery"],
function () {
form = layui.form;
layer = layui.layer;
element = layui.element;
table = layui.table;
upload = layui.upload;
$ = layui.$;
check(0);
getxy();  });

function getxy()
{ $("#xy").empty();
$.post(ashx_wx,{ "method":"getxy1" },function (date) {
```

```
if (date ! = "")
{   $("#xy").append(date);
$("#xy").append("<option value='0'>无</option>");  }
else  {   layer.msg("获取院系列表失败!",{ time:t });   }
form.render();   });   }

function reg()
{ if (flot_reg == false)
{  flot_reg = true;
layer.load();
var xy = $("#xy").val();
var username = $("#username").val();
var sex = $('input:radio:checked').val();
var bh = $("#bh").val();
var bj = $("#bj").val();
var phone = $("#phone").val();
$.post(ashx_wx, { "method":"reg1","xy":xy,"username":
username,"sex":sex,"bh":bh,"bj":bj,"phone":phone },function (date) {
if (date == "注册成功") {
layer.msg(date,{ time:t },function () { window.location.replace
("ktlb.html"); });   }
else { layer.msg(date,{ time:t },function () {
flot_reg = false;
layer.closeAll('loading');});   }   });   }
else{   layer.msg("请勿频繁操作!",{ time:t });  }   }
</script>
</head>
```

```
<body>
  <div class = "logo" id = "logo">
  <span>华北水利水电大学</span>
  </div>
  <form class = "layui-form layui-form-pane" action = "">
  <div class = "layui-form-item">
<label class = "layui-form-label">院系:</label>
<div class = "layui-input-block">
  <select name = "xy" id = "xy">
  </select>
</div>
  <div class = "layui-form-item">
<label class = "layui-form-label">姓名:</label>
<div class = "layui-input-block">
<input type = "text" id = "username" autocomplete = "off" placeholder = "请输入姓名" class = "layui-input">
</div>
  </div>
  <div class = "layui-form-item">
<label class = "layui-form-label">性别:</label>
<div class = "layui-input-block">
  <input type = "radio" name = "sex" value = "男" title = "男" checked = "">
  <input type = "radio" name = "sex" value = "女" title = "女">
</div>
  </div>
  <div class = "layui-form-item">
```

```
<label class="layui-form-label">学号:</label>
<div class="layui-input-block">
  <input type="number" id="bh" autocomplete="off" placeholder
="请输入学号9位" class="layui-input">
</div>
  </div>
  <div class="layui-form-item">
<label class="layui-form-label">班级:</label>
<div class="layui-input-block">
  <input type="number" id="bj" autocomplete="off" placeholder
="请输入班级7位" class="layui-input">
</div>
  </div>
  <div class="layui-form-item">
<label class="layui-form-label">电话:</label>
<div class="layui-input-block">
  <input type="number" id="phone" autocomplete="off" place-
holder="请输入电话" class="layui-input">
</div>
  </div>
  <div class="layui-form-item" style="text-align:center;">
<input type="button" value="立即注册" class="layui-btn layui-
btn-normal layui-btn-radius" style="width:60%;"  onclick="reg
()"/>
  </div>
  </form>
</body>
```

```
</html>
```

后端：

```
 '学生注册
  Function reg1(d() As String) As String
  Dim s(0) As String
  msg = ""
  s = {"院系","姓名",“性别”, "学号","班级","手机号"}
  For i = 0 To UBound(d) - 1
d(i) = d(i).Trim()
If d(i) = "" Then
  msg = "【" & s(i) & "】不能为空!"
  GoTo err
End If
  Next
  If d(3).Length <> 9 Then
msg = "学号位数不对!"
GoTo err
  End If
  If d(4).Length <> 7 Then
msg = "班级位数不对!"
GoTo err
  End If
  If d(5).Length <> 11 Then
msg = "手机号码格式错误!"
GoTo err
  End If
  '检验学号是否存在
```

```
    sql = "select * from userinfo where bh = ?"
    rs = webapi.sqlhelp3(sql,{d(3)})
    If rs("count").ToString <> "0" Then
  msg = "该学号已存在!"
  GoTo err
    End If
    '添加学生信息
    sql = " insert into userinfo(yx,jys,username,sex,bh,bj,phone,
type,openid,cjrq) values(?,?,?,?,?,?,?,?,'学生',?,getdate())"
    rs = webapi.sqlhelp3(sql,{d(0),"0",d(1),d(2),d(3),d(4),d(5),
openid})
    If rs("count").ToString <> "0" Then
  msg = "注册成功"
    Else
  msg = "注册失败"
    End If
  err:
    Return msg
    End Function
```

5.1.2 课堂列表

1. 主界面

当学生首次注册完成后，再次点击“学生云课堂”时，便进入课堂列表界面（图 5 - 2)。该界面显示了学生加入课堂的信息列表和相关操作功能。

2. 学期选择

“华水云课堂”保留了注册学生各学期所上的全部课程。课堂列表首页中显示的为当前学期该注册学生所上课程；如果需要查询以往学期，通过下拉学期菜单选择即可。由于学生端的功能是辅助教师完成课堂教学，因此若无教师打开以往课堂并进行相关操作，学生打开历史课堂意义不大。

3. 课堂选择

图 5-2 显示了学生该学期所上的所有课程，包括：封面、课程名称、课程编号和学生人数，显示内容与教师端相同。学生通过点击相关图标进入课程。

4. 加入课堂

“加入课堂”按钮是学生端“课堂列表”和教师端“课堂列表”的主要差别之一。点击“加入课堂”按钮，系统会弹出对话框，要求学生输入课堂编号（图 5-3），当学生输入并点击确认后，即可加入该课堂。若教师关闭学生加入功能，系统弹出“该课堂不允许加入”的提示框，待教师重新打开加入功能后方可加入课堂。

图 5-2 学生端“课堂列表”界面

图 5-3 “加入课堂”界面

5. 个人信息

学生“个人信息”的内容与注册内容一致，区别是在最底层增加了“保存修改”和“注销”的选项（图 5-4）。“注销”选项主要用于学生更换微信后，需先注销，然后将学号与新微信号绑定。若学生不能登录或遭到恶意注册，学院管理员可帮助其完成注销与重新注册。

6. 公告

与教师端“公告”位于每门课程中不同，学生端的“公告”位于课堂列表中。这样，教师可在不同的课程中，精准地向不同班级的学生发布公告；而学生则无需到各个云课堂中去一一查看消息，在主界面就能完成对所有课程教师发布公告的阅览。图 5-5 显示了某学生公告栏的所有公告信息，按照时间先后排序，点击相应公告，即可显示具体消息。

图 5-4　学生“个人信息”界面

图 5-5　学生端“公告”界面

核心代码与教师端差别很小，在此不再赘述。

5.1.3 课堂操作

课堂操作是“华水云课堂”学生手机端最重要的功能，用以辅助教师的课堂教学。相对于教师端信息的主动发送与提出，学生端的作用主要是被动地接受与上传。学生点击相应课程，即可进入该课程的课堂详情界面中。

1. 详情与公告

学生端课堂详情用于学生整体掌握课程信息和下载附件（图 5-6）。学生端“课堂详情”界面与教师端大体相同，唯一区别在于学生端不具有编辑和上传附件的权力。“课堂操作”中的公告栏是总公告栏的细分，只显示当前课程发布的公告。

2. 点名签到

学生进行签到的方式非常便捷。当老师在教师端点击签到“开始”选项后，学生点击“点名签到”选项即可完成签到。若教师没有点击“开始”选项，学生端点击该选项无效，并出现“签到未开始”的字样（图 5-7）。

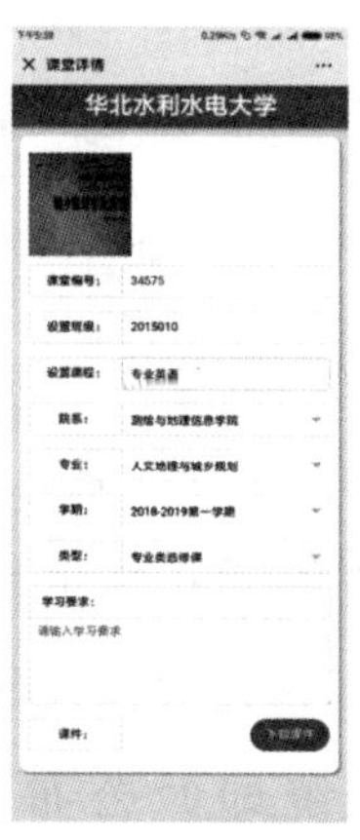

图 5-6 学生端“课堂详情”界面

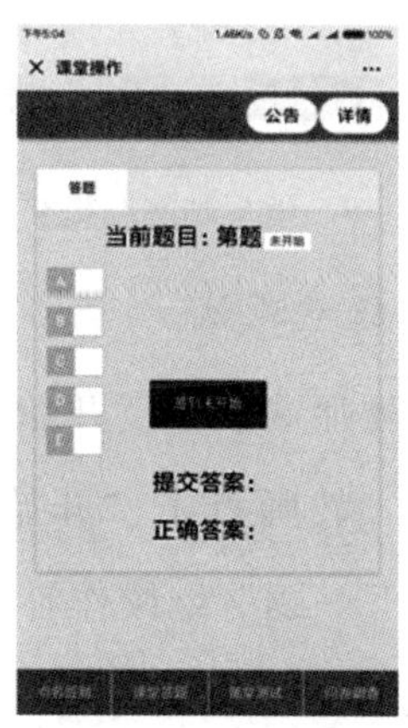

图 5-7 学生端“点名签到”界面

3. 课堂答题

与教师进入某一课堂显示的是历史信息不同，学生进入某一课堂的主界面显示的即为课堂答题界面。若教师没有点击“开始”选项，学生端点击该选项无效，并出现“未开始”的字样。当教师点击“开始”后，学生端答题权限开放，当前题目显示：第X题，并标有“已开始”字样；学生即可选择结果并点击“课堂答题”提交答案，提交答案区域显示所选选项（图5-8）。当教师结束答题并公布正确选项后，“已开始”标签变为“已结束”，“提交答案”下方显示正确答案（图5-9）。

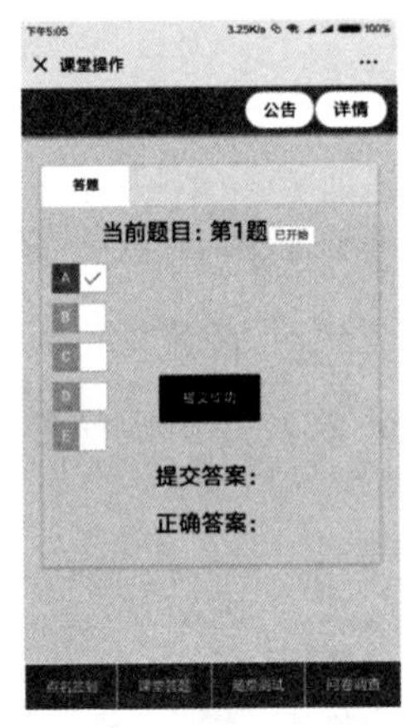

图5-8 学生端答题提交界面

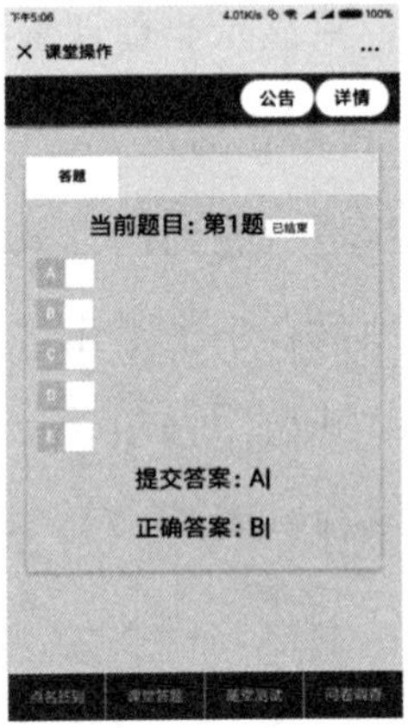

图5-9 学生端答题提交后界面

4. 随堂测试

当教师端点击“开始”选项前，学生无法进行答题，且不能浏览试卷。教师点击“开始”后，学生端允许答题；学生每答一题，点击“下一题”继续作答，或展开答题卡自行选择做答（图5-10）；回答完毕后，学生点击“提交试卷”，系统即时公布成绩，如图5-11所示；当教师点击“结束”时，学生端不能继续答题，系统进行处理，并将结果反馈到教师移动端。

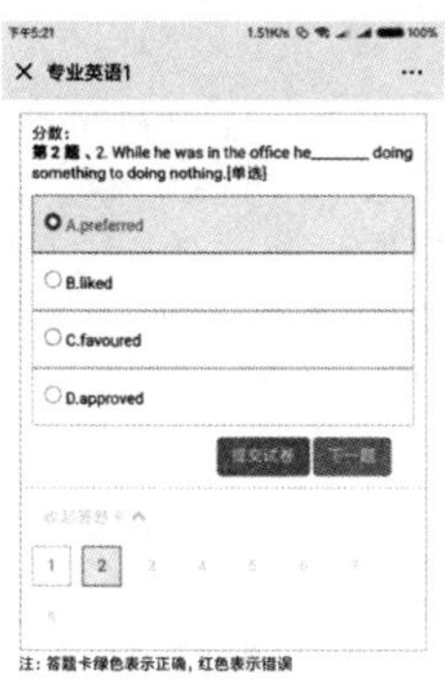

图 5-10　学生端“随堂测试”界面

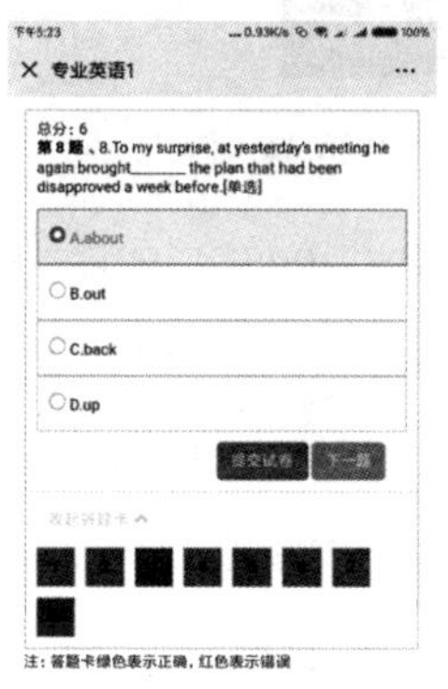

图 5-11　学生端测试结果界面

5. 问卷调查

当老师在教师端点击“开始”按钮前，学生无法填写问卷。教师点击“开始”后，学生端允许填写问卷；学生每填一题，点击“下一题”继续选择，或展开答题卡自行选择填写（图 5-12）；填写完毕后，学生点击“提交问卷”，系统显示“已提交”；若有题目未答，系统提醒：“已作答 X 题，还有 X 题未作答，是否提交”，点击“确定”直接提交，或点击“取消”继续作答（图 5-13）；当教师点击结束时，学生端不能继续填写，系统进行处理，并将结果反馈到教师移动端。

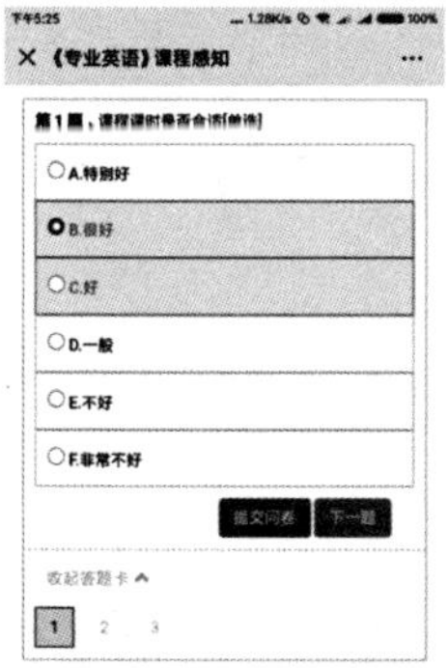

图 5-12　学生端“问卷调查”界面

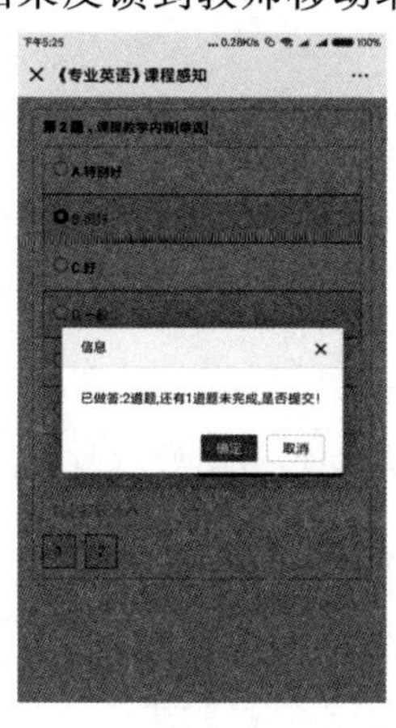

图 5-13　“问卷调查”提示界面

服务端代码

```
'学生获取签到
  Function get_qd(bh As String) As String
   Dim czid As String
   Dim zt As String
   sql = "select * from kt_cz where ktbh = ? and  cz = '签到' and  CONVERT(varchar(100),rq,23)> = CONVERT(varchar(100),getdate(),23)"
   rs = webapi.sqlhelp3(sql,{bh},,,"id desc")
   If rs("count").ToString <> "0" Then
  zt = rs("data")(0)("zt").ToString
  czid = rs("data")(0)("id").ToString
  If zt = "已结束" Then
Return "{""zt"":""签到未开始"",""czid"":""""}"
  End If
  If zt = "已开始" Then
sql = "select * from kt_cz_user where czid = ? and userid = ? and zt = '正常'"
rs = webapi.sqlhelp3(sql,{czid,openid})
If rs("count").ToString <> "0" Then
Return "{""zt"":""请勿重复签到"",""czid"":""""}"
Else
Return "{""zt"":""已开始"",""czid"":""" & czid & """}"
End If
  End If
   Else
  Return "{""zt"":""签到未开始"",""czid"":""""}"
```

```
 End If
 Return ""
End Function

'学生获取答题
Function get_dt(bh As String) As String
 Dim czid As String
 Dim zt As String
 Dim tm As String
 sql = "select * from kt_cz where ktbh = ? and  cz = '答题' and  CONVERT(varchar(100),rq,23)>= CONVERT(varchar(100),getdate(),23)"
 rs = webapi.sqlhelp3(sql,{bh},,,"id desc")
 If rs("count").ToString <> "0" Then
zt = rs("data")(0)("zt").ToString
czid = rs("data")(0)("id").ToString
tm = rs("data")(0)("cs").ToString
If zt = "已结束" Then
Dim da,da1 As String
da = rs("data")(0)("bz").ToString
sql = "select * from kt_cz_user where czid = ? and userid = ? and zt = '已参与'"
rs = webapi.sqlhelp3(sql,{czid,openid})
If rs("count").ToString <> "0" Then
da1 = rs("data")(0)("da").ToString
Return "{""zt"":""已结束"",""czid"":"""",""da"":""" & da & """,""da1"":""" & da1 & """,""tm"":""" & tm & """}"
Else
```

```
da1 = ""
Return "{""zt"":""已结束"",""czid"":"""",""da"":""" & da & """,""da1"":""" & da1 & """,""tm"":""" & tm & """}"
End If
End If
If zt = "已开始" Then
sql = "select * from kt_cz_user where czid = ? and userid = ? and zt = '已参与'"
rs = webapi.sqlhelp3(sql,{czid,openid})
If rs("count").ToString <> "0" Then
Return "{""zt"":""已提交"",""czid"":""" & czid & """,""tm"":""" & tm & """,""da"":""" & rs("data")(0)("da").ToString & """}"
Else
Return "{""zt"":""已开始"",""czid"":""" & czid & """,""tm"":""" & tm & """}"
End If
End If
Else
Return "{""zt"":""未开始"",""czid"":""""}"
End If
Return ""
End Function

Function xs_qd(czid As String) As String
sql = "update kt_cz_user set zt = '正常' where czid = ? and userid = ?"
rs = webapi.sqlhelp3(sql,{czid,openid})
```

```
If rs("count").ToString <> "0" Then
Return "签到成功"
Else
Return "签到失败,请重试"
End If
End Function

Function xs_dt(czid As String,da As String) As String
sql = "update kt_cz_user set zt = '已参与',da = ? where czid = ? and userid = ?"
rs = webapi.sqlhelp3(sql,{da,czid,openid})
If rs("count").ToString <> "0" Then
Return "提交成功"
Else
Return "提交失败,请重试"
End If
End Function
'获取题目
Function get_tm(bh As String) As String
Dim tm As String
sql = "select top 1 cs + 1 cs from kt_cz where cz = '答题' and ktbh = ? and CONVERT(varchar(100),rq,23) = CONVERT(varchar(100),GETDATE(),23)"
rs = webapi.sqlhelp3(sql,{bh},,,"id desc")
If rs("count").ToString <> "0" Then
tm = rs("data")(0)("cs").ToString
Else
tm = "1"
```

```
End If
Return tm
End Function
'开始答题
Function ksdt(bh As String,tm As String) As String
sql = "insert into kt_cz(ktbh,cz,rq,cs,rs,zt) values(?,'答题',
GETDATE(),?,(select count( * ) rs from kt_user where ktbh = ?),'已开始')"
webapi. sqlhelp3(sql,{bh,tm,bh})
sql = "select * from kt_cz where cz = '答题' and zt = '已开始' and
ktbh = ?"
rs = webapi. sqlhelp3(sql,{bh},,,"id desc")
Dim j As String
j = "{{""rq"":""{0}"",""czid"":""{1}"",""zrs"":""{2}""}}"
j = String. Format ( j, Format ( CDate ( rs ( " data") ( 0 ) ( " rq").
ToString),"yyyy - MM - dd") & "第“ & rs("data")(0)("cs"). ToString & ”题
“ & rs("data")(0)("rs").ToString & ”人",rs("data")(0)("id"). ToString,
rs("data")(0)("rs"). ToString)
Dim czid As String = rs("data")(0)("id"). ToString
sql = "select * from kt_user a where a. ktbh = ? and userid not in
(select userid from kt_cz_user where czid = ?)"
rs = webapi. sqlhelp3(sql,{bh,czid})
Dim i As Integer
Dim count As Integer = Val(rs("count"). ToString) - 1
For i = 0 To count
sql = "insert into kt_cz_user(czid,userid,ktbh,rq,zt,cz) values(?,'"
& rs("data")(i)("userid"). ToString & "',?,getdate(),'未参与','答题')"
webapi. sqlhelp3(sql,{czid,bh})
```

```
  Next
  Return j
 End Function
 '放弃答题
 Function fqdt(czid As String) As String
  sql = "delete kt_cz where id = ?"
  webapi.sqlhelp3(sql,{czid})
  sql = "delete kt_cz_user where czid = ?"
  webapi.sqlhelp3(sql,{czid})
  Return "true"
 End Function

 '结束答题
 Function enddt(czid As String,da As String) As String
  sql = "update kt_cz set zt = '已结束',bz = ? where id = ?"
  webapi.sqlhelp3(sql,{da,czid})
  Return "true"
 End Function
 '获取未答题名单
 Function gx_wdt(czid As String,zrs As String) As String
  Dim zb As String
  sql = "select b.openid bh,username,zt,rq from kt_cz_user a,use-
rinfo b where a.userid = b.openid and czid = ? and zt = '未参与'"
  rs = webapi.sqlhelp3(sql,{czid},,,"zt")
  If (zrs <> 0) Then
 zb = Math.Round((Val(rs("count").ToString) / Val(zrs) * 100),0).
ToString()
```

```
 Else
zb = "0"
 End If
 rs("msg") = zb & " % "
 Return rs. ToString
End Function
'获取答题名单
Function gx_ydt_list(czid As String) As String
 sql = "select b. openid,username,zt,rq,da from kt_cz_user a,userinfo b where a. userid = b. openid and czid = ? and zt = '已参与'"
 rs = webapi. sqlhelp3(sql,{czid},,,"da")
 If rs("count"). ToString <> "0" Then
rs("msg") = "查询成功"
 End If
 Return rs. ToString
End Function
'获取答题信息
Function get_dtxx(czid As String) As String
 Dim t() As String
 Dim t1 As String
 Dim d(4) As String
 sql = "select * from kt_cz where id = ?"
 rs = webapi. sqlhelp3(sql,{czid})
 Dim j,zt As String
 j = "{{""rq"":""{0}"",""zt"":""{1}"",""zt1"":""{2}"",""zrs"":""{3}"",""tm"":""{4}"",""d1"":""{5}"",""d2"":""{6}"",""d3"":""{7}"",""d4"":""{8}"",""d5"":""{9}""}}"
```

```
 If rs("data")(0)("zt").ToString = "已开始" Then
zt = "start"
 Else
zt = "end"
Dim i As Integer
t = Split(rs("data")(0)("bz").ToString,"|")
For i = 0 To UBound(t)
t1 = t(i)
Select Case t1
Case "A"
  d(0) = "1"
Case "B"
  d(1) = "1"
Case "C"
  d(2) = "1"
Case "D"
  d(3) = "1"
Case "E"
  d(4) = "1"
End Select
  Next
  End If
  j = String.Format(j,Format(CDate(rs("data")(0)("rq").ToString),
"yyyy-MM-dd") & "第“ & rs("data")(0)("cs").ToString & "题 “ & rs("data")
(0)("rs").ToString & "人",rs("data")(0)("zt").ToString,zt,rs("data")(0)
("rs").ToString,rs("data")(0)("cs").ToString,d(0),d(1),d(2),d(3),d(4))
  Return j
```

```
End Function

Function gx_ydt(czid As String,zrs As String) As String
 Dim a(11) As String
 Dim da() As String
 Dim i As Integer
 For i = 0 To 11
a(i) = ""
 Next
 sql = "select COUNT( * ) rs from kt_cz_user where czid = ? and zt
= '已参与'"
 rs = webapi.sqlhelp3(sql,{czid})
 a(10) = rs("data")(0)("rs").ToString
 If (zrs <> 0) Then
a(11) = Math.Round(Val(rs("data")(0)("rs").ToString) / Val(zrs)
* 100,0).ToString & " % "
 Else
a(11) = "0 % "
 End If
 da = {"A","B","C","D","E"}
 For i = 0 To 4
sql = "select COUNT( * ) rs from kt_cz_user where czid = ? and zt =
'已参与' and  da like '% " & da(i) & "| %'"
rs = webapi.sqlhelp3(sql,{czid})
a(i * 2) = rs("data")(0)("rs").ToString & "人"
If a(10) = "0" Then
  a(i * 2 + 1) = "0 % "
```

```
Else
a(i * 2 + 1) = Math.Round(Val(rs("data")(0)("rs").ToString) / Val(a(10)) * 100,0).ToString & "%"
End If
Next
Dim j = "{{""ar"":""{0}"",""ab"":""{1}"",""br"":""{2}"",""bb"":""{3}"",""cr"":""{4}"",""cb"":""{5}"",""dr"":""{6}"",""db"":""{7}"",""er"":""{8}"",""eb"":""{9}"",""rs"":""{10}"",""zb"":""{11}""}}"
j = String.Format(j,a(0),a(1),a(2),a(3),a(4),a(5),a(6),a(7),a(8),a(9),a(10) & "人",a(11))
Return j
End Function
```

5.2 教师校历

“教师校历”是教师端独有的功能。学校的日常工作往往以教学周为单位进行,由于每学期开始日期都不相同,造成教师在制订教学计划等任务时必须来回换算校历与阳历,甚至出现由于计算错误而误课的现象。“教师校历”功能有效解决了上述问题,它显示了当日所处的周次以及使用者所在学期的教学课程,并准确告知最近两周是否有教学任务,为教师上课提供了准确的信息。其主要功能包括:教学周次显示;添加课表;学期课表显示。

1. 教学周次显示

每学期教学周的起始时间,由系统管理员根据华北水利水电大学教务处制定的年度安排输入。系统自动计算当日所属教学周次,并将当日时间和周次显示于教师端“学校校历”中(图 5-14)。

2. 添加课表

教师点击“添加课表”选项，出现如图 5－15 所示界面。教师输入课程安排周次，选择所上大节和地点，并添加课程名称，点击“保存”即可。

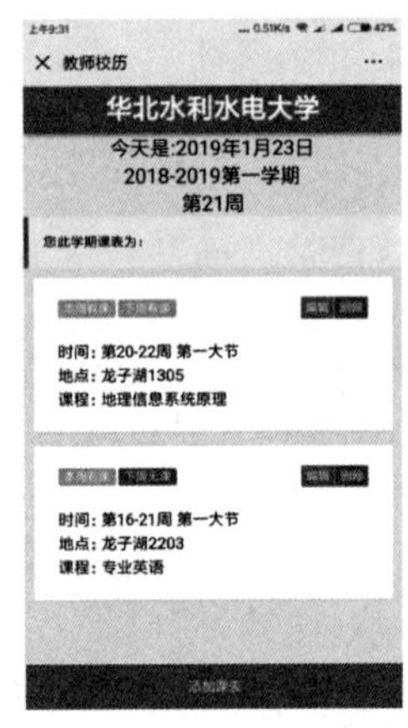

图 5－14　教师端“教师校历”界面

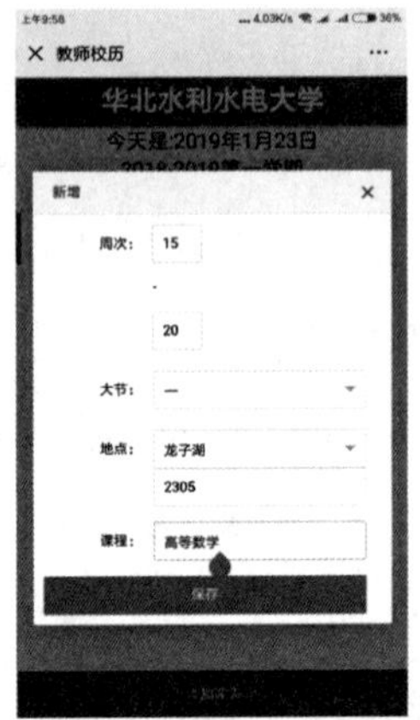

图 5－15　“教师校历”课程添加界面

3. 学期课表显示

学期课表的主要作用是提醒教师所在学期教学安排，以及今后两周是否有课。课表显示于“学校校历”中段位置。当教师有课时，显示图标“本周有课”或“下周有课”；当教师今后两周无课，则显示图标“本周无课”或“下周无课”。“编辑”和“删除”选项方便教师随时调整，“编辑”界面与“添加课表”界面相同。

服务端代码

```
<!DOCTYPE html>
<html>
<head>
  <meta http-equiv = "Content-Type" content = "text/html; charset = utf-8" />
```

```
<meta name = "viewport" content = "width = device-width, initial-
scale = 1,maximum-scale = 1" />
<script src = "../../../layuiadmin/js/jquery-1.12.3.min.js"></
script>
<script src = "../../../layuiadmin/layui/layui.js"></script>
<script src = "../../../layuiadmin/config.js"></script>
<link href = "../../../layuiadmin/css/demo.css" rel = "stylesheet" />
<link href = "../../../layuiadmin/layui/css/layui.css" rel = "
stylesheet" />
<title>教师校历</title>
<style>
.footer .footer_menu > li {
 width:100 % ;   }
.head {   text-align:center;
 margin-top:48px;   }
.list {   margin-bottom:58px;   }
</style>
<script>
var l,f,laytpl;
var kcb_list;
var kcb_type;
layui.use(['layer','form','laytpl'],function () {
 l = layui.layer;
 f = layui.form;
 laytpl = layui.laytpl;
 config.check();
 gethead();
 getlist();
 f.on('submit(post)',function (data) {
var d = {};
```

```
d. m = "kcb";
d. t = kcb_type;
d. f = data. field;
console. log(d);
post(d,function (d) {
getlist();
l. closeAll();   });
return false;   });   });
function gethead() {
 var d = {};
 d. m = "kcb";
 d. t = 5;
 d. f = {};
 post(d,function (d) {
console. log(d);
var getTpl = head1. innerHTML
 ,view = document. getElementById('head');
laytpl(getTpl). render(d,function (html) {
view. innerHTML = html;   });
 },false);   }
function getlist() {
 var d = {};
 d. m = "kcb";
 d. t = 4;
 d. f = {};
 post(d,function (d) {
console. log(d);
kcb_list = d. data;
var getTpl = list1. innerHTML
 ,view = document. getElementById('list');
```

```
laytpl(getTpl).render(d,function (html) {
view.innerHTML = html;  });
},false);  }
function add() {
 $('#form')[0].reset();
 kcb_type = 1;
 l.open({
type:1
,title:'新增'
,content: $('#form')  });  }
function edit(a) {
 f.val('form',{
'id':kcb_list[a].id
,'z1':kcb_list[a].z1
,'z2':kcb_list[a].z2
,'j':kcb_list[a].j
,'dz':kcb_list[a].dz
,'dz1':kcb_list[a].dz1
,'kc':kcb_list[a].kc  });
 kcb_type = 2;
 l.open({
type:1
,title:'编辑'
,content: $('#form')  });  }
function del(a) {
 layer.confirm('确定删除该课表？',function (index) {
var d = {};
d.m = "kcb";
d.t = 3;
d.f = { 'id':a };
```

第5章 『华水云课堂』其他功能描述与实现

```
post(d,function (d) {
$("#l" + a).remove(); });
layer.close(index); }); }
</script>
</head>
<body>
<div class = "logo">
<span>华北水利水电大学</span>
</div>
<div class = "head" id = "head"></div>
<script id = "head1" type = "text/html">
{{# if(d.count === 0){ }}
<h2>联系管理员添加学期</h2>
{{# }else{ }}
<h2>今天是:{{ d.data[0].rq }}</h2>
<h2>{{ d.data[0].xq }}</h2>
<h2>第{{ d.data[0].zq }}周</h2>
{{# } }}
</script>
<blockquote class = "layui-elem-quote">您此学期课表为:</blockquote>
<div class = "list" id = "list"></div>
<script id = "list1" type = "text/html">
{{# layui.each(d.data,function(index,item){}}
<div class = "layui-card" id = "l{{item.id}}">
 <div class = "layui-card-header">
{{# if(item.bz == "0"){ }}
<span class = "layui-badge layui-bg-green">本周无课</span>
{{# }else { }}
<span class = "layui-badge layui-bg-orange">本周有课</span>
```

```
{{# } }}
{{# if(item.xz == "0"){ }}
<span class = "layui-badge layui-bg-green">下周无课</span>
{{# }else { }}
<span class = "layui-badge layui-bg-orange">下周有课</span>
{{# } }}
<div class = "layui-btn-group" style = "float:right;">
<button class = " layui-btn layui-btn-xs layui-bg-blue" onclick
= "edit({{ index }})">编辑</button>
<button class = "layui-btn layui-btn-xs layui-bg-danger" onclick
= "del({{ item.id }})">删除</button>
</div>
</div>
<div class = "layui-card-body">
<h3>时间:第{{item.z1}}-{{item.z2}}周 第{{item.j}}大节</h3>
<h3>地点:{{item.dz1}}{{item.dz}}</h3>
<h3>课程:{{item.kc}}</h3>
</div>
</div>
{{# }); }}
</script>
<div class = "footer">
<ul class = "footer_menu">
<li><a href = "javascript:;" onclick = "add()">添加课表</a>
</li>
</ul>
</div>
<form class = "layui-form " lay-filter = "form" id = "form" style
= "display:none; margin:10px;">
<input type = "text" name = "id" style = "display:none;">
```

```
<div class = "layui-form-item">
 <div class = "layui-inline">
<label class = "layui-form-label">周次:</label>
<div class = "layui-input-inline" style = "width:50px;">
<input type = "text" name = "z1" placeholder = "" autocomplete
= "off" class = "layui-input">
</div>
<div class = "layui-form-mid">-</div>
<div class = "layui-input-inline" style = "width:50px;">
<input type = "text" name = "z2" placeholder = "" autocomplete
= "off" class = "layui-input">
</div>
 </div>
</div>
<div class = "layui-form-item">
 <div class = "layui-inline">
<label class = "layui-form-label">大节:</label>
<div class = "layui-input-block" >
<select name = "j" lay-filter = "j">
 <option value = "一">一</option>
 <option value = "二">二</option>
 <option value = "三">三</option>
 <option value = "四">四</option>
 <option value = "五">五</option>
</select>
</div>
 </div>
<div class = "layui-form-item">
 <label class = "layui-form-label">地点:</label>
 <div class = "layui-input-block">
```

```
<select name = "dz1" lay-filter = "dz1">
<option value = "龙子湖">龙子湖</option>
<option value = "花园">花园</option>
</select>
<input type = "text" name = "dz" autocomplete = "off" placeholder
= "" class = "layui-input">
 </div>
</div>
<div class = "layui-form-item">
 <label class = "layui-form-label">课程:</label>
 <div class = "layui-input-block">
<input type = "text" name = "kc" autocomplete = "off" placeholder
= "" class = "layui-input">
 </div>
</div>
< input lay-submit lay-filter = " post" value = " 保 存" class =
"layui-btn layui-btn-normal layui-btn-radius" style = "width:100 % ;" />
</form>
</body>
</html>
```

5.3 通讯录

“通讯录”功能为全校师生提供了联系方式互通的平台，并兼顾了每个用户个体对隐私的要求。“通讯录”在教师端和学生端均能够使用，但是权限有所差别，用户可通过查询对自己开放的电话号码，建立有效的沟通渠道。

“通讯录”默认显示用户所在学院和专业的，允许对自己信息开放的人员联系方式。用户可选择其他院系或专业进行精确查

找（图 5－16）；也可以通过院系和专业选择“全部”，输入人名中的某个字进行模糊检索（图 5－17）。系统自动通过用户注册信息获取电话号码，并根据用户选择的“通讯录显示范围”（详见本书第 4 章图 4－1）指定可查询人群，其中：“教师手机号对本院教师公开”，和“学生手机号对本院师生公开”为必选项。具体例如：当教师选择了“院内学生可见”和“校内教师可见”后，本学院学生和外学院教师均可查询到该教师电话号码，教师亦可日后在“个人信息”中调整可见范围。

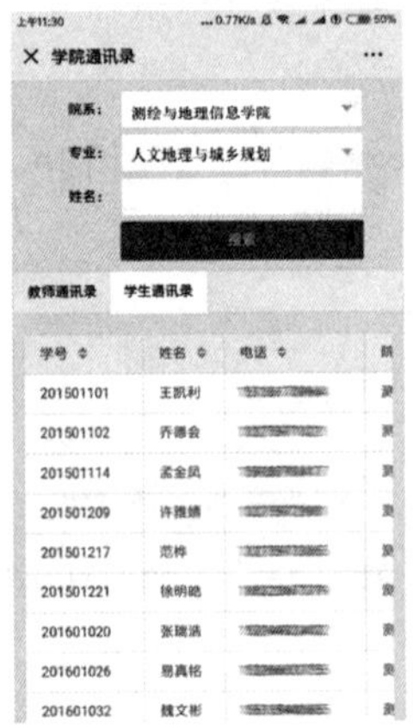

图 5－16　通讯录首页

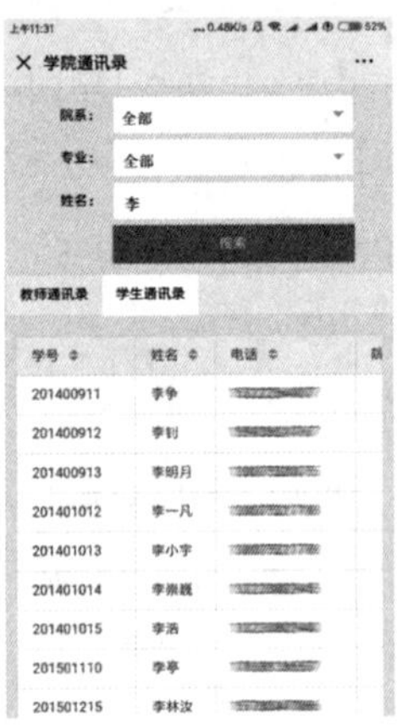

图 5－17　通讯录模糊查找

客户端代码

```
<!DOCTYPE html>
<html>
<head>
    <meta http-equiv="Content-Type" content="text/html; charset=utf-8" />
    <meta name="viewport" content="width=device-width,initial-scale=1,maximum-scale=1"/>
```

```
<script src="../../../layuiadmin/js/jquery-1.12.3.min.js"></script>
<script src="../../../layuiadmin/layui/layui.js"></script>
<script src="../../../layuiadmin/config.js"></script>
<link href="../../../layuiadmin/css/demo.css" rel="stylesheet" />
<link href="../../../layuiadmin/layui/css/layui.css" rel="stylesheet" />
<title>学院通讯录</title>
<style>
.layui-form-item {
margin-bottom:5px;  }
</style>
</head>
<body>
<form class="layui-form" action="" lay-filter="form" style="margin-top:10px;">
<div class="layui-form-item">
<label class="layui-form-label">院系:</label>
<div class="layui-input-block">
<select name="xy" id="xy" lay-filter="xy"></select>
</div>
</div>
<div class="layui-form-item">
<label class="layui-form-label">专业:</label>
<div class="layui-input-block">
<select name="jys" id="jys" lay-filter="jys"></select>
</div>
```

```
</div>
<div class = "layui-form-item">
<label class = "layui-form-label">姓名:</label>
<div class = "layui-input-block">
< input class = " layui-input" name = " username" id = " username"
autocomplete = "off">
</div>
</div>
<div class = "layui-form-item">
<div class = "layui-input-block">
<button class = "layui-btn" lay-submit = "" lay-filter = "post" id
= "post" style = "width:100 % ;">搜索</button>
</div>
</div>
</form>
<div class = "layui-tab layui-tab-card" lay-filter = "maillist">
<ul class = "layui-tab-title">
<li class = "layui-this" lay-id = "tab_js">教师通讯录</li>
<li lay-id = "tab_xs">学生通讯录</li>
</ul>
<div class = "layui-tab-content">
<div class = "layui-tab-item layui-show">
<table class = "layui-hide" id = "js" lay-filter = "js"></table>
<script type = "text/html" id = "phone_js">
<! --这里的 checked 的状态只是演示 -->
<a href = "tel:{{d. phone}}">{{d. phone}}</a>
</script>
```

```
</div>
<div class = "layui-tab-item">
<table class = "layui-hide" id = "xs" lay-filter = "xs"></table>
<script type = "text/html" id = "phone_xs">
<! --这里的 checked 的状态只是演示 -->
<a href = "tel:{{d. phone}}">{{d. phone}}</a>
</script>
</div>
</div>
</div>
<script>
var tab;
var form,layer,element,table;
layui. use(['form','layer','element','table'],function () {
form = layui. form;
layer = layui. layer;
element = layui. element;
table = layui. table;
config. check();
config. xy();
config. jys(user. yx);
form. val("form",{
"xy":user. yx
,"jys":user. jys  });
form. on('select(xy)',function (data) {
var v = data. value;
config. jys(v);
```

```
$ ("#username"). val("");
$ ("#post"). click();  });
form. on('select(jys)',function (data) {
$ ("#username"). val("");
$ ("#post"). click();  });
form. on('submit(post)',function (data) {
serch(data. field);
return false;  });
element. on('tab(maillist)',function (data) {
tab = data. index;
$ ("#post"). click();  });
var f = { "xy":user. yx,"jys":user. jys,"username":"" };
user. type = = "教师" && (element. tabChange('maillist','tab_js'),
serch(f));
user. type = = "学生" && (element. tabChange('maillist','tab_xs'),
serch(f));  });
function serch(a) {
tab = = 0 && (jsmail(a));
tab = = 1 && (xsmail(a));  }
function jsmail(f) {
var d = {};
d. m = "maillist";
d. t = "教师";
d. f = f;
d = JSON. stringify(d);
table. render({
elem:'#js'
```

```
,method:"post"
,url:ashx_ajax
,cols:[[ { field:'username',title:'姓名',width:120,sort:true }
,{ field:'phone',title:'电话',templet:"#phone_js",width:140,
sort:true }
,{ field:'jys',title:'专业',width:140,sort:true }
,{ field:'yx',title:'院系',width:140,sort:true } ]]
,id:'t_js'
,page:false
,height:'full-120'
,where:{ 'd':d }
,done:function (res,curr,count) {
// alert(res.msg); } }); }
function xsmail(f) {
var d = {};
d.m = "maillist";
d.t = "学生";
d.f = f;
d = JSON.stringify(d);
table.render({
elem:'#xs'
,method:"post"
,url:ashx_ajax
,cols:[[ { field:'bh',title:'学号',width:120,sort:true }
,{ field:'username',title:'姓名',width:80,sort:true }
,{ field:'phone',title:'电话',templet:"#phone_xs",width:140,
sort:true }
```

```
,{ field:'yx',title:'院系',width:140,sort:true }  ]]
,id:'t_xs'
,page:false
,height:'full-120'
,where:{ 'd':d }
,done:function (res,curr,count) {
 // alert(res.msg);  }  });  }
</script>
</body>
</html>
```

5.4 调查问卷

通过制定详细周密的问卷，要求被调查者据此进行回答，从而收集到所需资料的方法，是高校教师获得相关教学、科研信息的重要途径。当某些教师的问题与课堂教学无关，或者希望被调查者的范围不限于某课堂的学生、甚至希望被调查者为在校全体教师和学生时，“教师云课堂”中的“问卷调查”功能便无法达到上述需求。因此，“调查问卷”功能是在“教师云课堂”中“问卷调查”功能基础上改进的、独立于某门课程之外的、放置于“华水云课堂”首页的重要功能。主要包括2大功能：发布问卷和问卷列表。

1. 发布问卷

“发布问卷”是教师端独有的权力。教师新增、发布、编辑问卷的方法与“教师云课堂”中“问卷调查”基本一致（参考本书第4.7节）。主要区别在于：当教师选择了一套问卷试题，点击“发布”后，会弹出对话框，要求选择被调查者的范围。以图5-18为例，该套问卷主要被调查对象为测绘与地理信息学院、人文地理与城乡规划专业的教师，问卷最高可扩展至全校师生，用户只需在学院、专业和类型中选择“全部”即可。需要注意的是，“问卷调查”和“教师云课堂”中“问卷调查”的题库是互通的，在云课堂中发布的问卷调查无需再次编辑，选定后即可在“问卷调查”中发布。

2. 问卷列表

在云课堂中，教师只能发布问卷、收集结果，不能进行作答。在“问卷调查”中不仅学生，教师也能作为被调查者接受提问并提交问卷（图 5-19）。在试卷列表中，使用者可以查看全部对自己开放的问卷，并进行作答。

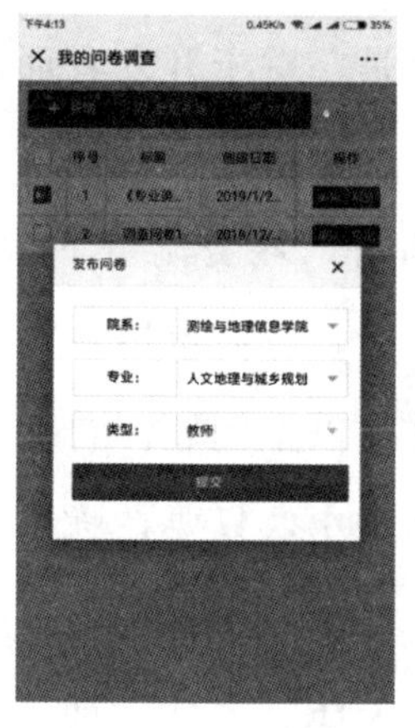

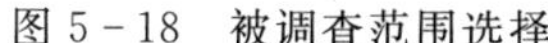
图 5-18　被调查范围选择

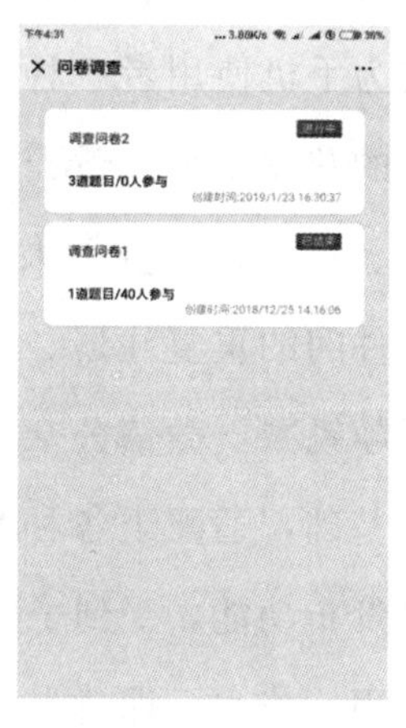

图 5-19　调查问卷列表

“问卷调查”中的服务端和客户端代码与“问卷调查”十分相似，在此不再赘述。

第6章 “华水云课堂”功能应用

6.1 手机端功能的具体应用

1. 关注微信号

自智能手机广泛应用以来，通过下载APP获得新功能或新体验，成为手机使用者一种常用的方式。但是，对于开发者而言，基于不同的开发系统、适配不同的屏幕大小、申请进入软件市场等过程耗时、耗力、斥资巨大；对于使用者而言，耗费流量下载APP、不同软件间的重复注册、新软件用户量稀少，也使得用户对下载新软件兴趣锐减。微信公众号的诞生，解决了以上问题。它拥有庞大的用户基础，适配于各种操作系统和屏幕大小，只要在腾讯申请通过便可发布功能，受到了广大用户的欢迎。

使用“华水云课堂”相关功能，只需关注其公众号即可。关注的方法有三种：①在微信中搜索“华水云课堂”并关注；②通过扫描“华水云课堂”二维码关注；③通过他人发送的名片关注。关注后，用户无需下载其他软件即可使用，节省了移动流量与手机空间。

关注公众号后出现“华水云课堂”主界面，主界面最下端包括三个选项，分别为：云课堂，通讯录和调查问卷（图3-2）。其中“云课堂”中包括教师云课堂、学生云课堂和教师校历，主要用于辅助课堂教学，是“华水云课堂”最主要的功能。“通讯录”便捷了全校教师和学生间的沟通。“调查问卷”功能为教师收集调查数据提供了快捷的平台。

同时，“华水云课堂”为用户提供了关键词快捷服务功能。点击图 6－1 中左下角图标，输入相关关键词，系统会自动回复问题。例如输入：“教师如何注册”。系统会以图片的形式详细解释注册过程，该图片支持全屏查看（图 6－2）。

图 6－1　关键词查询

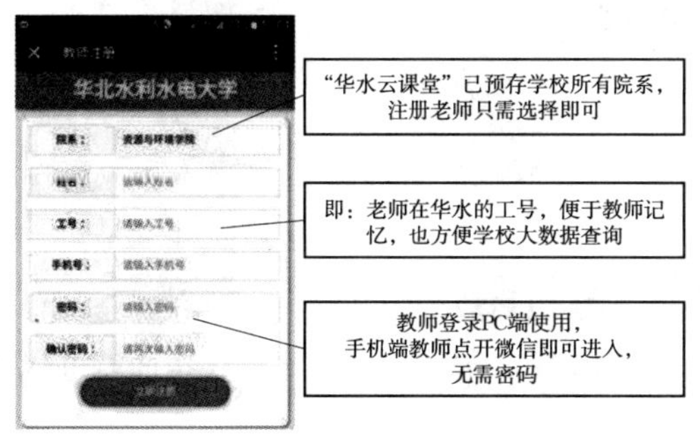

图 6－2　教师注册详解图片

2. 用户注册

当用户首次使用“华水云课堂”，需要进行注册。由于用户关注

公众号后微信已将个人 ID 赋予了“华水云课堂”，系统自动完成了最基本的登录注册步骤。因此，此处的“用户注册”，实为个人信息的完善。通过输入个人在华北水利水电大学的相关信息，系统将自动为其分配相关权限（参考本书第 4.1 节和第 5.11 节）。值得注意的是：当教师完成注册后，系统将允许其使用教师端所有功能；即使误触“学生云课堂”选项，系统也会载入“教师云课堂”相关功能；同理，当学生注册完毕后，只能使用学生端功能。即使点击“教师云课堂”，也会进入“学生云课堂”操作界面。而对于“随堂测试”中的“添加试题”“问卷发布”等功能，学生若点击则出现“无权操作”的提示（图 6-3、图 6-4），待教师分配适当权限（如：改为助教），即可对其开放。

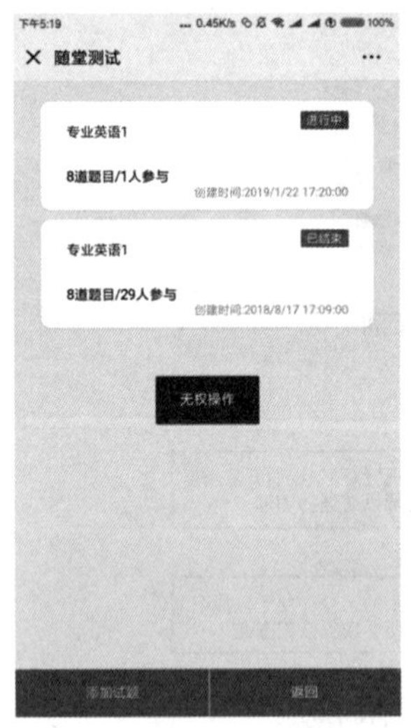

图 6-3　学生端“随堂测试”“无权操作”提示

图 6-4　学生端“问卷调查”“无权操作”提示

3. 添加课堂

当教师完成注册后，再次点击“教师云课堂”，即进入课堂列表界面。通过点击“添加课堂”选项，完成新开课程的基本设定。在这里，以《城乡规划专业英语》这门课程为例，具体操作如下：

（1）封面。系统默认封面为华北水利水电大学校徽。为方便师生在课堂列表中快速定位到相关课程，建议将封面换为与课程相关的图片。这里更换为该课程教材封面（图 6-5）。

（2）课堂编号。课堂编号为“华水云课堂”系统中的唯一编号，由系统自动生成且不能更改。城乡规划专业英语课堂保存后，课堂编号为 86777，教师告知学生课堂编号，学生在学生端点击“加入课堂”的选项，输入该编号即可。

（3）班级和课程。班级和课程设置的主要作用是为任课教师提供备注。系统提供了文本格式的输入框，教师可按照学校规定和自己的习惯进行填写。例如：在熟知班级编号的情况下，教师填写的上课班级可以为 7 位编号（如 2014011、2014012），城乡规划专业英语作为人文地理与城乡规划专业唯一的专业英语课程，对该专业学生而言，只填写“专业英语”便具有唯一性。

（4）课程信息选择。开课院系为测绘与地理信息学院；开课专业为人文地理与城乡规划；学期为 2018—2019 第一学期；类型为专业基础课。系统已根据华北水利水电大学课程设置将相关选项录入系统，为方便教师操作，教师在录入课堂时，课程信息首先默认为教师所在学院、专业以及当前学期（图 6-6），若有更改，教师只需选择即可完成操作。

（5）学习要求。学习要求是教师输入的一段文字性的叙述，具体内容由教师填写。例如专业英语的学习要求为：通过本课程的学习，熟练掌握指定的专业英语词汇，掌握一定的专业英语阅读、翻译技巧，了解科技英语写作方法；并对本专业国内外学术

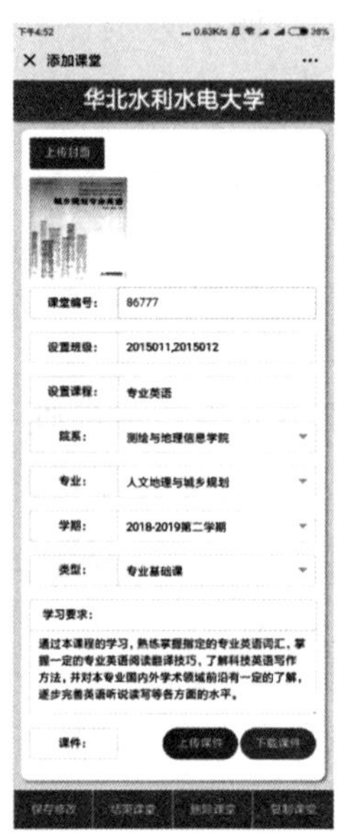

图 6-5　专业英语“添加课堂”界面

图 6-6　课程信息选择界面

领域前沿有一定的了解，逐步完善英语听说读写等各方面的水平。教师只需将文字从教学计划中复制至“学习要求”中即可完成操作。

(6) 课件的上传与下载。如今，多媒体在教学中的辅助作用愈加明显，所使用的电子课件便成为学生学习的重点，课间休息的10分钟往往成为学生持U盘拷贝数据的时间。“课件功能”为学生轻松下载学习资料提供了有力的支持。教师也能配合公告的使用，不仅在课后，在课前也能发布相关资料，供学生学习。具体操作为：教师点击“上传课件”选项出现如图6-7的界面，附件的格式和大小是没有限制的，选择相关课件，点击“确定”即可。教师上传后，学生点击“下载”选项出现相应界面，选择相应课件即可下载（图6-8）。

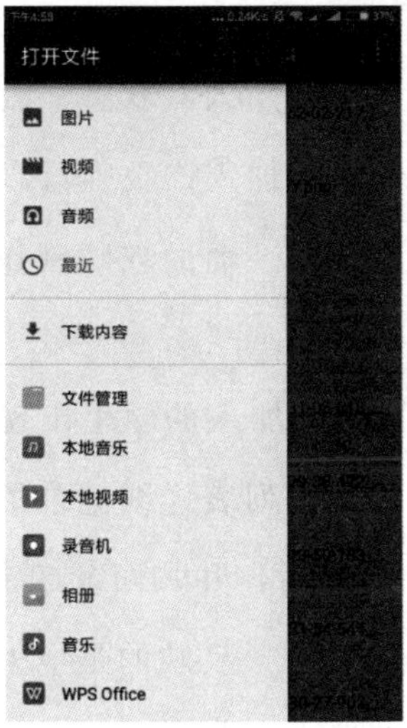

图 6-7　课件上传选择界面

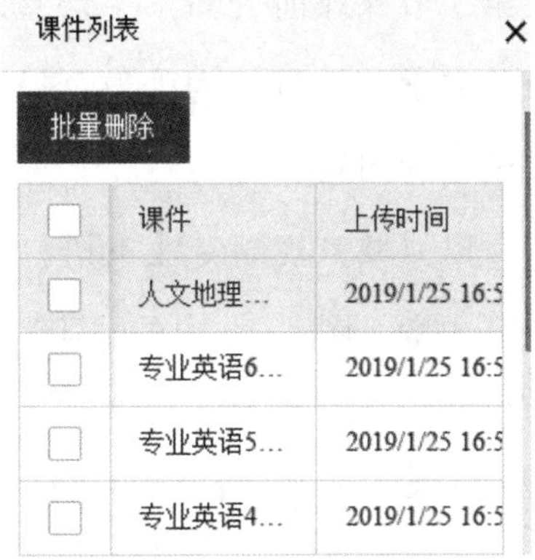

图 6-8　课件下载选择界面

（7）课堂管理。当课程信息设立后，点击“保存课堂”即完成新课的添加，并出现于该“课堂详情”中。教师也可随时在“课堂详情”中修改课程信息。当该门课程结束时，点击“结束课堂”，该课程不再出现于“课堂列表”中，系统将课程所有信息统计归档。“复制课堂”使教师能够直接复制该课堂信息，例如点击专业英语的“复制课堂”选项，则会产生一个新的课堂。新的课堂所在学期默认为当前最新学期，除课堂编号重新分配外，保留了专业英语的全部详情信息，包括课件。若无其他改变，教师仅修改“设置班级”即可完成操作（图 6-9）。

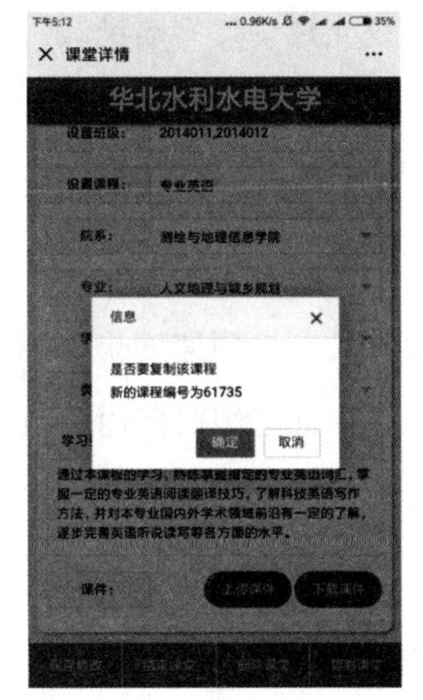

图 6-9　新课程课堂编号提示界面

4. 学生管理

当教师添加完新课程后，课程处于“允许加入”状态。教师可在第一节课课前告知学生课堂编号，要求学生加入；教师可以设置班长或学习委员等为助教，提高学生使用权限，辅助教师制作、发布试题和问卷。

以《城乡规划专业英语》这门课程为例。加入的学生出现于本书第 4 章，图 4－5 中的“④”所在列表。学生列表详细记录了每个学生的学号、姓名、签到、答题、助教和电话，并均可重新排序。其中“签到”显示的是学生签到的次数，“答题”反映的是学生回答的题目数量和回答正确的题目数量，例如 18/22 表示该学生回答过 22 道题，其中 18 道题回答正确。“助教”表明了该学生是否为助教，系统允许设置多名助教，并随时可更换；“电话”只需轻触号码即可拨打，方便教师随时与学生沟通。

5. 点名签到

点名签到功能是“华水云课堂”的主功能之一，与传统签到相比，具有签到速度快，记录准确的优势。“华水云课堂”所用带宽较大，保证了短时间内大数据输入输出的稳定性，因此上课人数越多，签到效率越高。

点名签到功能的使用十分便捷，教师只需点击“点名签到”中的“开始”选项，学生即可签到。图 6－10 显示了《城乡规划专业英语》这门课程中的 1 次签到，在签到过程中，系统每 1 秒钟更新 1 次签到信息。“已签到”标签旁的人数与比值随时间不断增高，详情区域的具体人名不断增多，如图 6－10 中显示，已签到人数为 38 人。点击“未签到”，教师可在点名时段内查看未签到人姓名，要求他们尽快签到。

在实际课堂中，可能会出现学生忘带手机、手机没电或没信号等问题。在点名结束后，教师可辅助传统点名的方式了解情况未签到学生的状况，并将相关信息修改为：正常、迟到或请假。如图6-11中所示，学生“沈＊州”未签到默认状态为“旷课”，教师通过勾选和点击“迟到”选项，改变学生签到状态。

图6-10 “已签到”界面

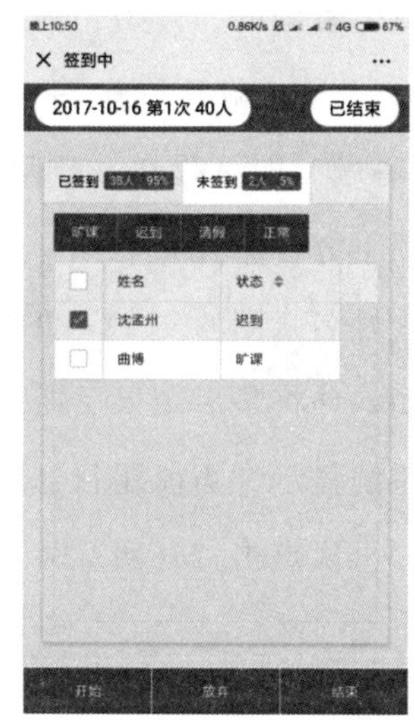

图6-11 “未签到”界面

关于签到的时间应不宜太长，建议控制在20秒内，以防止学生“通风报信”，通知未上课学生完成签到。“华水云课堂”在防止签到作弊方面具有一定优势：①它占用了微信的使用，降低了学生联系的便捷性；②系统会自动记录学生学习过程，若本次课出现学生只进行了签到而没有做任何试题，记录详单中会有明确显示。

6. 课堂答题

实时了解课堂中学生对知识的掌握程度，对于教师尤其是中国教师而言一直是个难点。传统思想的氛围使学生在回答问题时并不积极：会答题的人不想“冒尖”、不会答题的人不愿被发现，还有一

些上课走神的学生对问题不感兴趣。造成教师很难判断此知识点是否深入讲解。“课堂答题”的功能，收集了课上学生作答数据，使教师及时了解学生知识点掌握情况，随时掌握课程进度。

“课堂答题”功能主要与课上教师的提问配合进行。以《城乡规划专业英语》这门课程为例，教师通过 PPT 展示题目（图 6－12），然后点击答题的“开始”选项，系统显示“当前题目：第 1 题”（图 6－13）。学生端开放作答权限，学生只需选择正确答案，并点击“课堂答题”即可提交。教师端答题人数与百分比随时间不断增加，各选项下方百分比柱状条不断上升，教师可随时点击“未参与”查看学生姓名（图 6－14），并要求其尽快答题。选择“结束”，该题系统关闭，并将最后结果反馈手机端和录入系统。当再次点击“开始”时，系统显示“当前题目：第 2 题”。选择“放弃”，则该题不录入系统，再次点击“开始”时，系统显示当前题目为第 1 题。

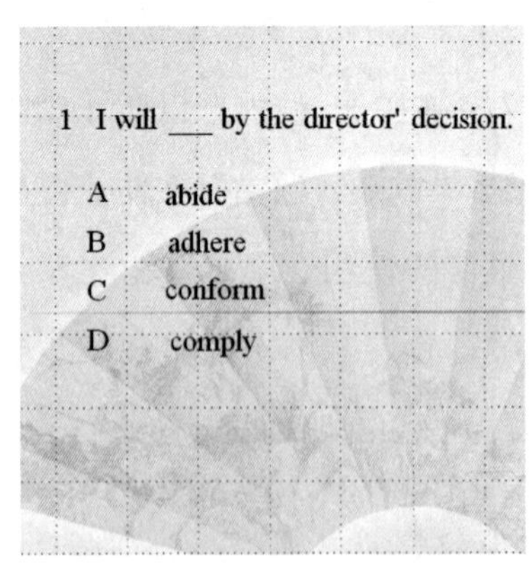

图 6－12 《城乡规划专业英语》课程题目展示

图 6－13 当前题目答题统计结果

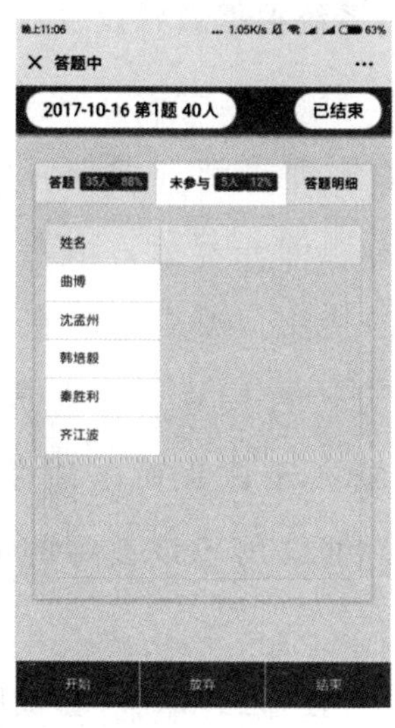

图 6-14　当前题目未答题名单

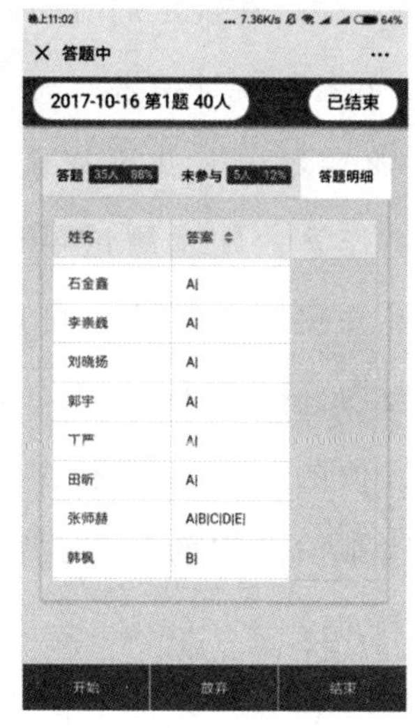

图 6-15　当前题目答题明细

以图 6-12 展示的试题为例，通过图 6-13 可以看出，一半以上的学生回答正确，教师可针对此题进行稍详细的讲解。为使教学更加有的放矢，教师往往想了解其他学生答错的原因，但在实测过程中却很少有人举手发言。“华水云课堂”能够清楚查看每位学生的答题结果（图 6-15），如在此题中 B 选项占 20%，C 选项为 26%，教师可分别询问相关学生做错原因，精准讲解。另外，还有一位学生选择了 A、B、C、D、E 五个选项，该学生选择了并不存在的 E 选项，使该题统计 E 选项时占了 6%，教师可及时发现错误学生并提出批评。最后，每题回答的结果都会录入系统，成为教师给学生判分的最终依据。

7. 随堂测试

“随堂测试”不同于“答题”功能，两者最大的区别在于答题功能在手机端没有题目显示，必须辅助课上 PPT 或其他方式展示试题；而“随堂测试”则由教师提前在系统中出好试题与答案，适时

开放给学生，在规定的时间内完成作答，系统根据教师设置自动给出分数和各种统计结果。

“随堂测试”并不完全“随堂”，教师亦可选择课外时间要求学生作答。随堂测试可以作为课外习题的一部分，由学生课下作答并提交。教师也可以配合公告的使用，要求学生在特定时间段内完成习题作答，交由系统判分，直接算入平时成绩。尤为方便的是，教师制作的题库可以独立于课程而单独存在，它不因某门课程的结束或删除而消失，可以用于该教师的所有课堂中。

“随堂测试”功能的使用十分方便。当教师编辑好一套试题后(具体步骤详见本书第 4.6 节)，在“随堂测试题库”中选择“发布”，即可出现于“随堂测试列表”中。此时，学生端不能显示该套题目，待教师点击“开始”按钮后，才能答题。在做题过程中教师可随时查看答题情况；学生回答完毕后，点击“提交试卷”，系统即时公布成绩；教师点击“结束”按钮后，学生端做题权限收回，未做完题目的学生不能继续作答。

教师通过点击“该题结果”，可查看当前题目具体答题情况。以《专业英语 1》试卷为例，该试卷总分为 8 分，当前第 1 题正确答案为C，参与答题人数为29，正确率为55%，并具体显示了每位学生的作答选项（图 6－16）。教师点击“总成绩”，查看每位学生最终得分，并可按照分值大小进行排列（图 6－17）。“随堂测试”功能，符合学生使用手机的习惯，节省了教师批改作业的时间。题库的设置，避免了教师重复出题的操作，提高了教学效率。

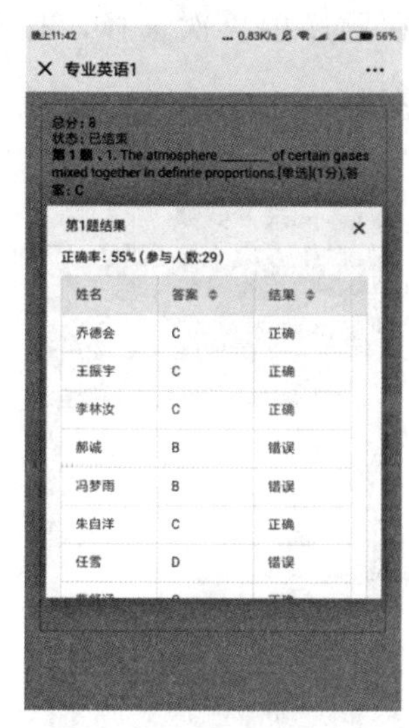

图 6-16　试卷单题结果详单

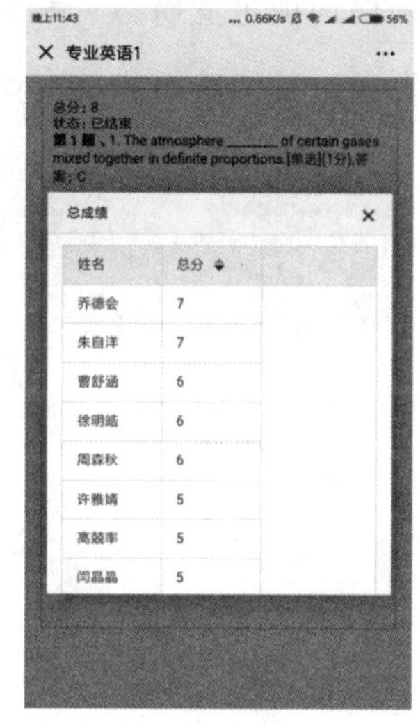

图 6-17　学生总成绩单

8. 问卷调查

“问卷调查”功能是“华水云课堂”在实测阶段应广大教师要求建立的模块。在以往，教师很难获取校内某类调查结果的统计数据，其原因在于缺少调查的平台和充足数量的用户，最终许多小型的调查变为了访谈，而全面调查只能以抽样调查的形式进行。“华水云课堂”基于微信平台开展服务，具有庞大的用户基础，并在系统首页和“云课堂”中均设立了“问卷调查”功能，方便了师生的使用。

在“云课堂”中，“问卷调查”主要针对该课堂所在班级开展，使用步骤与“随堂测试”功能十分相似（具体步骤详见本书第 4.6 节）；而“华水云课堂”首页提供的“问卷调查”功能则可以服务独立于某门课程之外的特定调查人群开展。例如：图 6-18 展示了就某问题针对人文地理与城乡规划专业学生进行调查的结果。值得注意的是，图中“选项”一列常规显示为 4 个汉字字符，当内容过长时，用户可单击相关表格，即可完全显示完整内容，“华水云课堂”

所有表格均满足此特点。相同问卷可以在题库中再次选择，有指向性的发送至其他院系相关专业进行调查（图 6－19）。

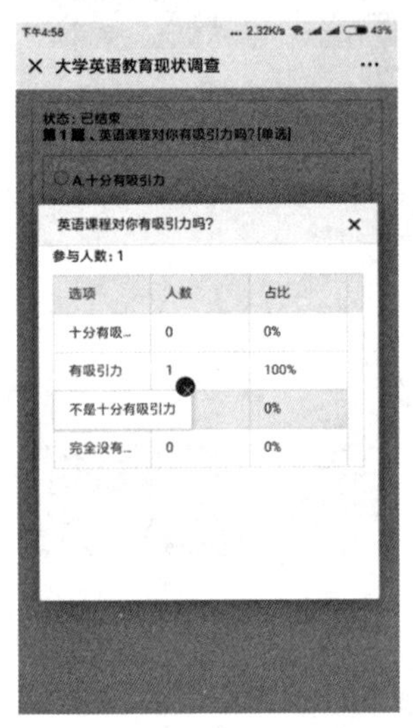

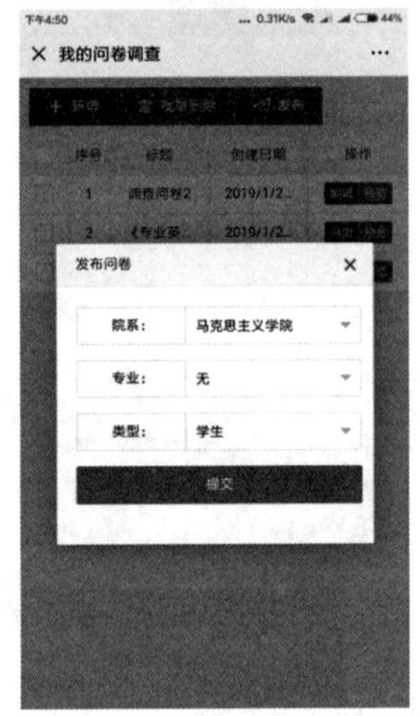

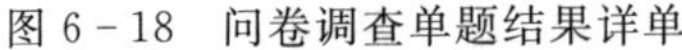

图 6－18　问卷调查单题结果详单　　　图 6－19　问卷调查被调查范围选择

6.2 “华水云课堂”PC 端功能简介

当手机端的使用收集了大量数据后，如何统计并分析课堂教学数据，基于大数据分析结果支持课程考核、教学改革和学科建设，是未来本研究的核心目标。目前，团队已开发了“华水云课堂”PC端基本功能，其主要功能是对手机端获得数据进行收集、统计、分析和展示，并包含了手机端“教师云课堂”的所有功能。由于本书的主要内容为讲述“华水云课堂”手机端功能的设计、实现与应用，因此“华水云课堂”PC 端的主要功能在此只作简单介绍，主要包括：登录、在 PC 端使用手机端功能、PC 端数据分析图表显示和课堂报表输出。

6.2.1 登录

“华水云课堂”PC 端无需下载任何软件，只需打开浏览器，在其中输入：http：//ykt.ncwu－teach.cn/views/admin/即可出现登录页面（图 6－20）。登录的用户权限包括 4 类：系统管理员、学院管理员、专业管理员和教师。教师只需在账号处输入工号，同时在“密码”处输入手机端设置的密码，即可完成登录。由于 PC 端使用频率相对较低，教师遗忘密码的可能性较高，因此，“华水云课堂”简化了密码找回的步骤，只需登录“华水云课堂”手机端，打开个人信息，重新输入新的密码即可完成密码重置。

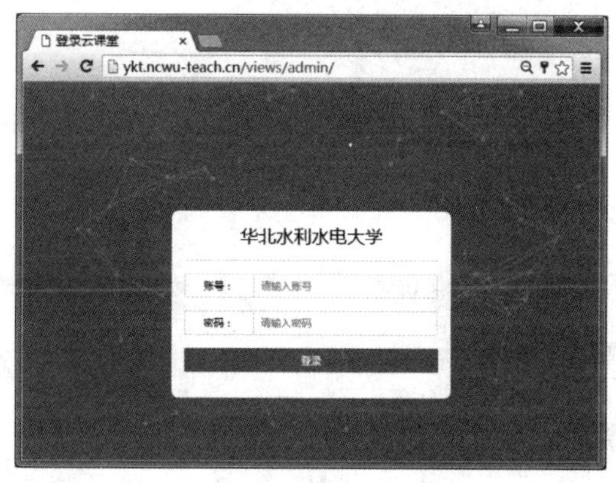

图 6－20 “华水云课堂”PC 端登录页面

6.2.2 在 PC 端使用手机端功能

“华水云课堂”PC 端包含了手机端“教师云课堂”的所有功能。当教师进入 PC 端，首页显示为所在学期的课程列表，选择目标课程并点击“课堂操作”按钮，即可进入 PC 端主要功能操作界面，图 6－21～图 6－24 分别显示了 PC 端课堂列表、学生管理、点名签到和课堂答题界面。若教师忘带手机或使用电脑授课，“华水云课堂”PC 端可以满足教师课上需求。

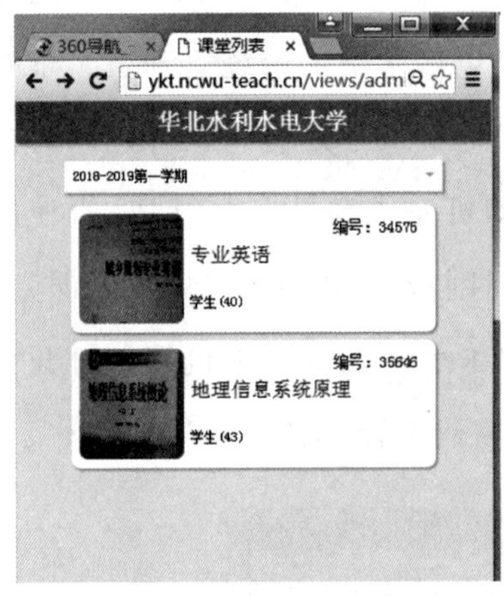

图 6-21　PC 端课堂列表界面

图 6-22　PC 端学生管理界面

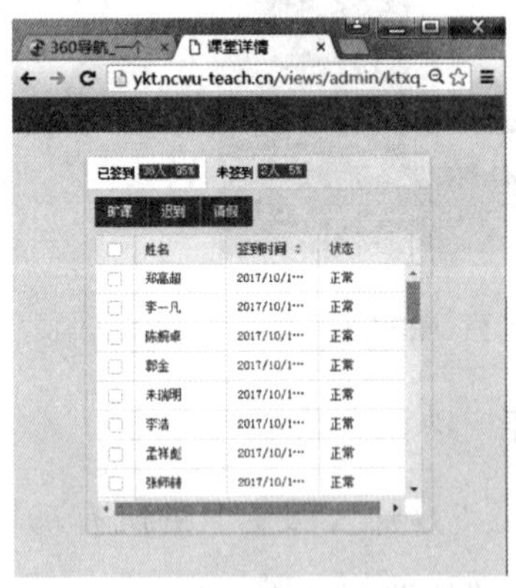

图 6-23　PC 端点名签到界面

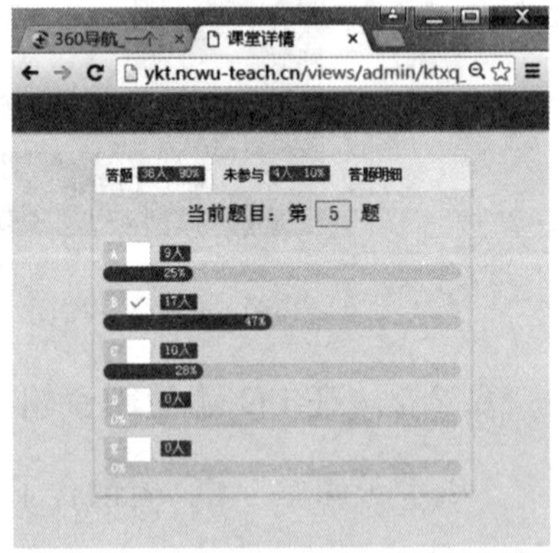

图 6-24　PC 端课堂答题界面

6.2.3　PC 端数据分析的图表显示

“华水云课堂”PC 端提供了历史数据的图表分析功能（图 6-25），主要包括签到率，以及课堂答题的参与率和正确率的饼状图和柱状图。以《专业英语》课程为例，签到率饼状图描述了所有签到学生的总签到率，其中：正常听课 152 人次，占比 98.6%；迟到 1 人次，占比 0.65%；旷课 2 人次，占比 1.29%；请假 0 人次。柱状图则详细反映了每次上课的比率，以正确率为例。图 6-25 分别表示了 5 堂课中每堂课回答正确的人次，例如在 2017 年 8 月 31 日的课堂中，学生答题正确的人次为 167，错误人次为 158，说明该课堂学生掌握的情况并不理想，在日后的教学中应注意应对该部分知识进行巩固。

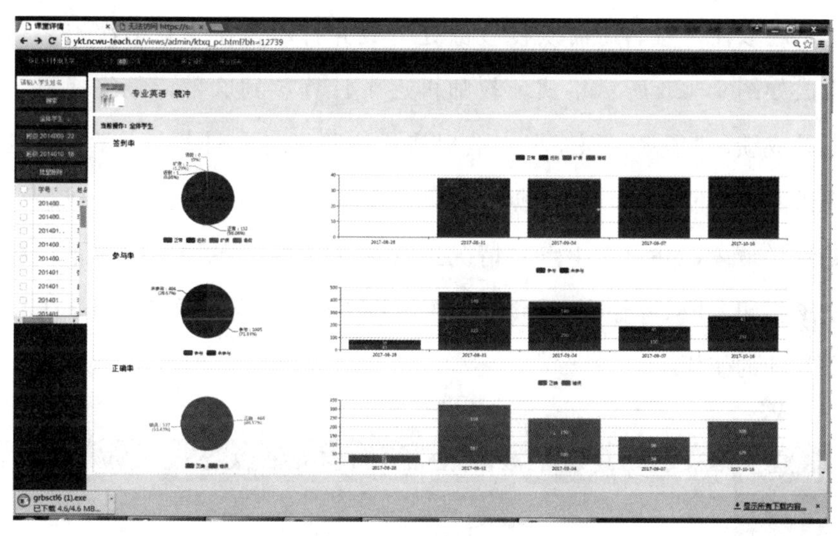

图 6-25 PC 端图表显示功能界面

一门课程往往针对多个专业班级共同授课。《华北水利水电大学教学工作报告》中均以专业班级为单位进行课程工作总结。“华水云课堂”PC 端图表分析界面提供了更为精细的学生信息分类功能（图 6-25 左侧任务栏），每一个专业班级后显示了具体人数。当教师点击专业班级或具体个人选项时，图表分析界面的签到率、参与率和正确率自动转化为该专业班级或具体学生的数据显示，更加方便教

师的分类查看与总结。

6.2.4 课堂报表输出

“华水云课堂”PC端数据分析图表显示提供了最基本的数据分析功能，具体到每一门课程，教师统计、计算分数和评价课程的方式都会有所区别。为更好地服务于教师、教研室和学校对课堂过程数据及结果数据的不同需求，“华水云课堂”提供了“课堂报表”输出功能。

1. 点名册输出

在以往，点名册需从校教务处下载并打印，在课堂多次点名后形成如图6-26所示格式，教师再逐个计算签到次数，最终换算为考勤成绩。“华水云课堂”点名册格式按照华北水利水电大学教务处提供的表格制作而成，根据“点名签到”历史操作，自动生成最终签到详情表，并对学生点名情况进行统计（图6-27）。同时系统提供了打印、Excel输出、PDF输出、文档内容查找等功能，极大方便了教师的使用。

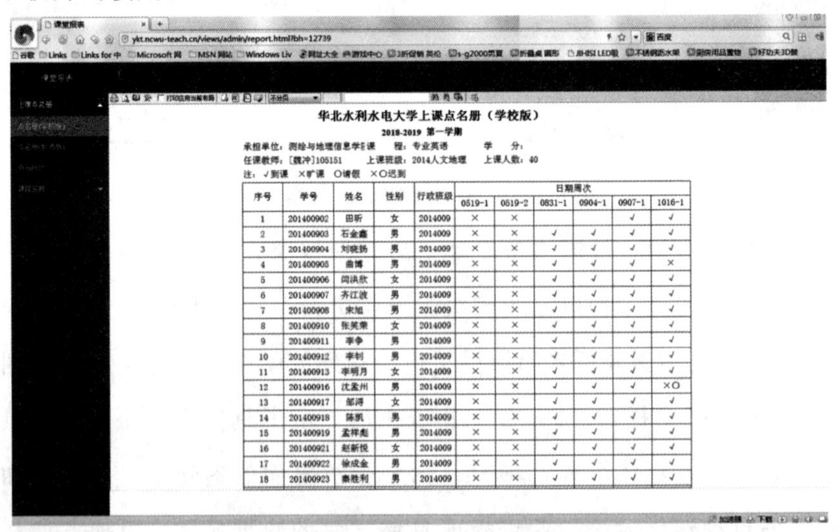

华北水利水电大学上课点名册（学校版）

2018-2019 第一学期

承担单位：测绘与地理信息学院 课　程：专业英语　学　分：

任课教师：[魏冲]105151　上课班级：2014人文地理　上课人数：40

注：√到课　×旷课　○请假　×○迟到

序号	学号	姓名	性别	行政班级	日期周次					
					0519-1	0519-2	0831-1	0904-1	0907-1	1016-1
1	201400902	田昕	女	2014009	×	×			√	√
2	201400903	石金鑫	男	2014009	×	×	√	√	√	√
3	201400904	刘晓扬	男	2014009	×	×	√	√	√	√
4	201400905	曲博	男	2014009	×	×	√	√	√	×
5	201400906	闫洪欣	女	2014009	×	×	√	√	√	√
6	201400907	齐江波	男	2014009	×	×	√	√	√	√
7	201400908	宋旭	男	2014009	×	×	√	√	√	√
8	201400910	张笑荣	女	2014009	×	×	√	√	√	√
9	201400911	李争	男	2014009	×	×	√	√	√	√
10	201400912	李钊	男	2014009	×	×	√	√	√	√
11	201400913	李明月	女	2014009	×	×	√	√	√	√
12	201400916	沈孟州	男	2014009	×	×	√	√	√	×○
13	201400917	邹浔	女	2014009	×	×	√	√	√	√
14	201400918	陈凯	男	2014009	×	×	√	√	√	√
15	201400919	孟祥彪	男	2014009	×	×	√	√	√	√
16	201400921	赵新悦	女	2014009	×	×	√	√	√	√
17	201400922	徐成金	男	2014009	×	×	√	√	√	√
18	201400923	秦胜利	男	2014009	×	×	√	√	√	√

图6-26　PC端上课点名册生成界面

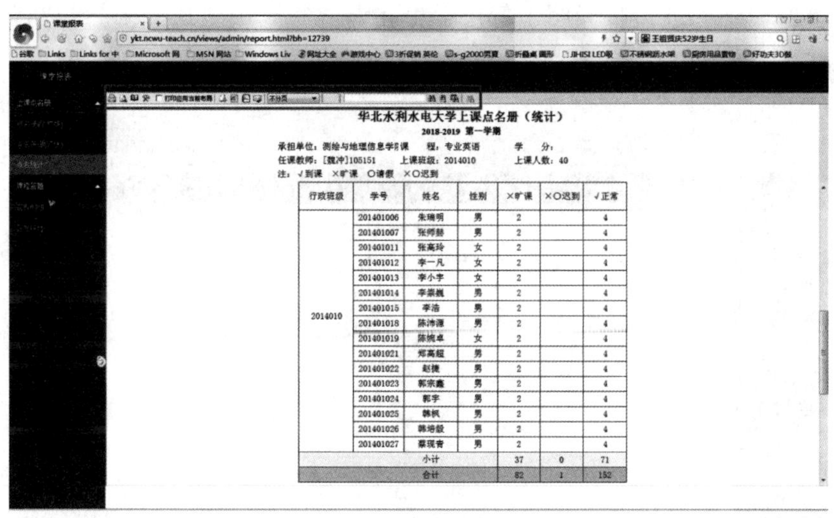

华北水利水电大学上课点名册（统计）

2018-2019 第一学期

承担单位：测绘与地理信息学院　课　程：专业英语　学　分：

任课教师：[魏冲]105151　上课班级：2014010　上课人数：40

注：√到课　×旷课　○请假　×○迟到

行政班级	学号	姓名	性别	×旷课	×○迟到	√正常
2014010	201401006	朱瑞明	男	2		4
	201401007	张师赫	男	2		4
	201401011	张高玲	女	2		4
	201401012	李一凡	女	2		4
	201401013	李小宇	女	2		4
	201401014	李崇巍	男	2		4
	201401015	李浩	男	2		4
	201401018	陈沛源	男	2		4
	201401019	陈婉卓	女	2		4
	201401021	郑高超	男	2		4
	201401022	赵捷	男	2		4
	201401023	郭宗鑫	男	2		4
	201401024	郭宇	男	2		4
	201401025	韩枫	男	2		4
	201401026	韩培毅	男	2		4
	201401027	蔡瑞青	男	2		4
		小计		37	0	71
		合计		82	1	152

图 6-27　PC 端上课点名册统计界面

2. 答题明细输出

在“答题明细”中，教师可查看每位学生每次的答题情况，使教师能够更为清晰地掌握每位学生对知识的掌握水平（图 6-28）；

华北水利水电大学上课答题（教师版）

2018-2019 第一学期

承担单位：测绘与地理信息学院　课　程：专业英语　学　分：

任课教师：[魏冲]105151　上课班级：2014人文地理　上课人数：40

注：A答对　B答错　C未答

序号	学号	姓名	性别	行政班级	170828		170831													
					1	2	1	2	3	4	5	6	7	8	9	10	11	1	2	3
3	201400904	刘晓扬	男	2014009	C	C	A	C	B	A	B	B	A	A	B	B	B	C	A	B
4	201400905	曲博	男	2014009	B	C	C	C	C	C	C	C	C	C	C	C	C	C	C	C
5	[illegible]	[illegible]	女	[illegible]	C	C	C	C	C	C	C	C	C	C	C	C	C	C	C	C
6	201400907	齐江波	男	2014009	C	C	A	A	A	A	C	B	A	B	B	A	A	B	A	B
7	201400908	宋旭	男	2014009	C	A	A	C	B	A	B	B	C	B	B	A	C	B	A	B
8	201400910	张笑荣	女	2014009	C	C	B	C	B	C	C	C	A	A	A	A	A	B	A	A
9	201400911	李争	男	2014009	C	A	A	A	B	A	C	B	A	B	B	B	A	B	A	B
10	201400912	李钊	男	2014009	B	C	B	A	B	A	B	B	B	A	B	A	B	A	C	C
11	201400913	李明月	女	2014009	C	A	A	A	B	A	B	B	A	B	B	A	A	C	C	B
12	201400916	沈孟州	男	2014009	B	C	A	A	A	A	B	A	A	B	B	A	A	A	A	B
13	201400917	邹涛	女	2014009	B	B	A	A	B	A	B	B	A	B	B	A	A	B	B	B
14	201400918	陈帆	男	2014009	A	B	A	A	A	A	A	B	A	B	B	A	C	B	B	B
15	201400919	孟祥彪	男	2014009	B	B	C	C	C	C	C	C	C	C	C	C	C	B	C	B
16	201400921	赵新悦	女	2014009	A	B	A	C	B	C	B	C	A	B	C	A	B	B	A	A
17	201400922	徐成金	男	2014009	A	B	A	A	A	A	C	B	B	A	C	A	C	A	A	B
18	201400923	秦胜利	男	2014009	B	C	A	A	B	A	B	C	A	C	A	B	A	B	A	C
19	201400924	郭金	男	2014009	C	C	B	A	B	A	C	B	C	C	B	C	C	C	C	C

图 6-28　学生课上学习答题过程信息详单界面

“答题明细”进一步标明了每位学生在课堂答题中错误、未参与和正确的题目数量（图 6-29），方便教师统计查看。

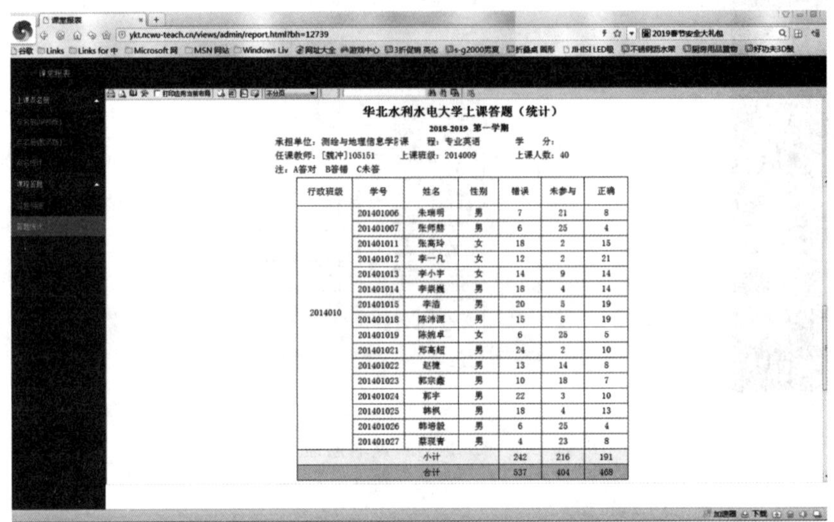

华北水利水电大学上课答题（统计）

2018-2019 第一学期

承担单位：测绘与地理信息学院 课 程：专业英语 学 分：

任课教师：[魏冲]105151 上课班级：2014009 上课人数：40

注：A答对 B答错 C未答

行政班级	学号	姓名	性别	错误	未参与	正确
2014010	201401006	朱瑞明	男	7	21	8
	201401007	张师慧	男	6	25	4
	201401011	张高玲	女	18	2	15
	201401012	李一凡	女	12	2	21
	201401013	李小宇	女	14	9	14
	201401014	李崇巍	男	18	4	14
	201401015	李浩	男	20	5	19
	201401018	陈沛源	男	15	5	19
	201401019	陈婉卓	女	6	25	5
	201401021	郑高超	男	24	2	10
	201401022	赵捷	男	13	14	8
	201401023	郭宗鑫	男	10	18	7
	201401024	郭宇	男	22	3	10
	201401025	韩枫	男	18	4	13
	201401026	韩培毅	男	6	25	4
	201401027	蔡琨青	男	4	23	8
小计				242	216	191
合计				537	404	468

图 6-29 学生课上学习答题过程信息统计结果界面

第7章　结　论

本书以“互联网+教育”思维为基础，以服务华北水利水电大学课堂教学为目的，设计并开发了“华水云课堂”手机端课堂教学辅助系统，使传统教学模式改革能够搭上移动技术发展顺风车，协助教师课堂教学模式、课程考核模式创新，为教学模式多样化、课程考核过程化提供工具基础，力求实现教育教学的新突破。

7.1　成果

（1）基于互联网+思维，初步实现了课堂教学的信息化。“华水云课堂”手机端课堂教学辅助系统，以微信为平台，设计并开发了教师校历、通讯录、云课堂建立、资料下载、学生管理、点名签到、课堂答题、测试和投票问卷等功能，集成于辅助课堂教学的公众号——“华水云课堂”移动教学助手中。具体到每节课，教师可通过签到人数，课堂答题等方式及时调整授课进程；放大到每门科目，教师能够生成走势图以判断整体教学情况。实时统计、大数据分析，这些在以往教学评价中并不常用但却十分有效的统计方法，成为了支持教师教学改进相关事宜的常态，并为学院更全面地掌握学科发展动态提供了有力的支持。

（2）基于高校学年学分制的特点，实现学生管理的信息化。目前，许多高校正在尝试利用考勤类软件管理学生的日常签到情况，但往往容易出现以下问题：

1）管理过于死板，课堂失去活力。对于大学，尤其是综合性大学而言，不同学科对课堂管理的方式有所差异。要求所有学科的学生遵守同一标准，容易使考勤规则只考虑各学科课堂的宏观共性，忽视了不同学科的微观差异。而这些差异，往往是学科最具特色和优势的地方。管理标准的高度统一，容易使学生缺失创新思维，引起学科课堂失去固有活力。

2）不易处理突发情况，人工判定缺乏时效性。当学生出现忘带手机、手机没电或没信号时，由校处级单位管理的考勤类软件在处理此类事件时往往效率很低，例如某学校要求未签到学生必须提供学院证明才能消除旷课记录，学生往往需花费不少时间和精力获取证明材料，过多的行政干预容易使信息化进程陷入更加繁琐的证明审查中。

3）不符合高校学年学分制的特点。学年学分制既保留了学年制计划性强、专业分类严密完整的特性，又具有学分制以毕业最低总学分作为衡量学生学习量和毕业标准的一种教学管理制度。学分制充分体现了“以人为本”的教育思想，尊重学生选课、选教师、选修学计划的自由，有利于培养学生的个性，充分发挥各自的潜能。因此，学生的在校学分主要取决于每门课的成绩，而任课教师是学生所学课程成绩的判定者。学生平时考勤已经成为最终成绩的一部分。学校再次统计考勤，无论如何影响学生成绩，都与学年学分制的特点不符。高校学生考勤功能的设计，必须考虑学年学分制的特点。

“华水云课堂”的点名签到功能，充分考虑了高校学年学分制的特点，将每门课程的考勤成绩判断权限交由任课教师，教师决定该节课是否点名与点名时间；当出现忘带手机等状况时，教师只需通过人工点名并在系统中做出更改即可；当课程结束时，系统统计最终签到结果，并将数据反馈至教师。“华水云课堂”基于高校学年学分制的特点实现了学生管理的信息化。

（3）为教学模式多样化、课程考核过程化提供更加丰富的数据基础。“华水云课堂”不仅能够图表展示逐次和整个学期的签到、答题、正确率等数据，还能够完整输出每位学生每次课上行为的准确数据。课程信息更加丰富，成绩判定更加准确，系统及时、全面的数据传输与展示，使教师能够随时了解学生情况，也能通过数据分析，精确查找每位学生的不足，从而对课程教学做出调整。教研室通过对专业多门课程的数据分析，可以在整体上掌握课程设置的合理性，了解每位学生的学习过程，更有针对性地培养每位学生。

（4）课程改进更加有的放矢，为教学改革提供足量的数据依据。在以往的课程改进尤其是专业的教学方法、教学手段、教学模式等方面的改革中，课程教学过程不在参考之列，其主要原因在于数据难以统计，更难以量化。教研室一般通过座谈会的形式听取师生意见，而且往往是在学期末召开，反馈的意见不免主观且不具有时效性。基于“互联网＋”思维的“华水云课堂”使高校教师在教学方法上更加重视互联网的作用；辅助手机端“点名签到”“课上答题”等功能，完善了教学手段；使教学模式进一步具有操作性、稳定性和灵活性。

7.2 创新

（1）基于“互联网＋”思维的教学改革方式与思维创新。具体到每节课，教师可通过签到人数，上课提问实时统计等方式及时调整授课进程；放大到每门课，教师能够生成走势图以判断整体教学

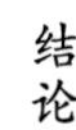

情况。实时统计、大数据分析，这些在以往教学评价中并不常用、但却十分有效的统计方法，将成为支持老师教学改进相关事宜的常态，并为学院更全面地掌握学科发展动态提供有力的支持。

（2）基于移动工具的应用功能创新。“华水云课堂”移动教学助手内容丰富，贴近师生课堂需求。由于“互联网＋教育”的理念提出较晚，加之课堂教学辅助工具几无利润可图，使该类软件极为稀少，内容服务非常有限。“华水云课堂”的建立可以十分有效地填补此方面空白，一些功能的设置将大幅提高教师的上课效率。例如：实时签到功能，能够将百人以上班级的点名时间由传统方式的10分钟以上降低到20秒以内。

（3）基于微信公众平台的内容创新。系统移动端是以微信为平台进行开发，服务于课堂教学的公众号。相对于手机APP，微信服务号具有无需重复注册，无需下载新软件，仅需二维码就能快捷加入的优点，突破了不同手机系统的限制，简化了云课堂建立的时间。

（4）限制学生上课玩手机方式的创新。由于手机成为了课堂学生学习、教师统计数据不可缺少的工具，因此学生的手机在上课期间一直加载“华水云课堂”公众号，切换其他程序必然影响该学生的数据统计结果，提高了教师对课堂手机使用的管理。

7.3 不足

“互联网＋”背景下基于移动端课堂教学辅助系统的研究还是一个较新的课题，在理论和实践研究两个方面都处于起步阶段，系统在设计和应用方面还存在不少问题。受团队研究水平、研究时间和研究条件的限制，研究还存在很多不足之处，主要集中在以下三个方面：

（1）系统功能有待进一步完善。目前关于移动端课堂教学辅助系统的研究尚少，本研究通过文献阅读、其他软件使用和调研总结前人观点，对系统进行了设计与开发。在实测阶段，用户在使用的同时对系统功能提出了更多的要求。例如：能否在点名的同时获取学生的位置信息，能否对学生提交的主观题答案进行判卷，能否将未上课学生名单实时发送至辅导员端方便监督等。我们将在今后的实测与问卷中，跟踪调查师生的现实需求，进一步完善“华水云课堂”的功能。

（2）系统的稳定性存在不足。截至目前，“华水云课堂”只应用于人文地理与城乡规划专业300多人的规模。随着使用者的不断增多，服务器和带宽承载的压力越来越大。如果全校10%的人员使用“课件下载”等大流量功能，系统能否保持稳定？如果全校20%的人员同时使用“点名签到”或“课堂答题”，系统又是否能够正常刷新而不卡顿？当使用人员过多时，现行的软件计算公式是否需要改进？团队还没有设计太多预案以应对教师要求系统功能逐渐细化的程度以及学生对系统不按常理出牌的方式。只有将系统真正用于实践，不断地发现问题并及时改进，才能进一步丰富“华水云课堂”系统的稳定性。

（3）应用实践学科内容的局限性。本研究仅以一门《城乡规划专业英语》为例，分析了“华水云课堂”对课堂教学的辅助作用，没有对其他类型的课程如《地理信息系统》《水文学》等进行实践应用，而且由于专业限制，“华水云课堂”目前考虑理工学科的需求较多，暂未考虑诸如艺术、文学类科目的具体要求。

7.4 展望

充分利用新技术来转变课程的教学方式对高校教师来说是一个

严峻的挑战，同时对提高大学生的自主学习能力和学习效果产生至关重要的影响。课堂教学辅助系统是“互联网＋教育”背景下课程的必然走向，本研究仅对系统手机端进行了初步的设计、实现与应用，其体系结构与实施过程的各个方面仍有很多内容需要对其进行更深层次的探讨，后续研究将从以下两个方面进行：

（1）系统功能更加丰富，系统更加稳定。研究将按照既定目标，在测绘与地理信息学院人文地理与城乡规划系进行小范围应用的基础上，改进公众号、完善相关功能；然后在大范围推广过程中，服务师生，有针对性地添加指定模块，丰富系统功能，保持大数据传输过程中的系统稳定性，从而提高服务质量。

（2）设计、开发大数据分析系统，辅助教师、学科完善教育改革与创新。截至目前，辅助课堂教学的软件逐渐开始兴起，但是基于这些数据进行大数据分析的系统还没有出现。团队将有针对性地设计和开发“华水云课堂”大数据分析系统，辅助教师基于大数据分析结果进行针对性的教学改革方案设计，进而通过学科内多课程的大数据分析，辅助专业、学科进行“互联网＋”思维下基于大数据统计结果的教育教学改革。

附　　表

附表 1　2014 级人文地理专业《专业英语》课程 8 月上课答题详细记录

华北水利水电大学上课答题（教师版）

承担单位：测绘与地理信息学院					课　　程：专业英语						学　　分：						
任课教师：[魏冲] 105151					上课班级：2014 人文地理						上课人数：40						
注：A 答对　B 答错　C 未答																	
序号	学号	姓名	性别	行政班级	180828		180831										
					1	2	1	2	3	4	5	6	7	8	9	10	11
1	201400902	田＊	女	2014009	B	B	C	B	B	B	B	C	A	B	A	C	B
2	201400903	石＊鑫	男	2014009	B	A	B	A	A	A	B	B	A	B	A	A	B
3	201400904	刘＊扬	男	2014009	C	C	A	C	B	A	B	B	A	A	B	B	B
4	201400905	曲＊	男	2014009	B	C	C	C	C	C	C	C	C	C	C	C	C
5	201400906	闫＊欣	女	2014009	C	C	C	C	C	C	C	C	C	C	C	C	C
6	201400907	齐＊波	男	2014009	C	C	A	A	A	A	C	B	A	B	B	A	A
7	201400908	宋＊	男	2014009	C	A	A	C	B	A	B	B	C	B	B	A	C
8	201400910	张＊荣	女	2014009	C	C	B	C	B	C	C	C	A	A	A	A	A
9	201400911	李＊	男	2014009	C	A	A	A	B	A	C	B	A	B	B	B	A
10	201400912	李＊	男	2014009	B	C	B	A	B	A	B	B	B	A	B	A	B
11	201400913	李＊月	女	2014009	C	A	A	A	B	A	B	B	A	B	B	A	A

续表

华北水利水电大学上课答题（教师版）																	
承担单位：测绘与地理信息学院			课　　程：专业英语					学　　分：									
任课教师：［魏冲］105151			上课班级：2014 人文地理					上课人数：40									
注：A 答对　B 答错　C 未答																	
序号	学号	姓名	性别	行政班级	180828		180831										
					1	2	1	2	3	4	5	6	7	8	9	10	11
12	201400916	沈＊州	男	2014009	B	C	A	A	A	A	B	A	A	B	B	A	A
13	201400917	邹＊	女	2014009	B	B	A	A	B	A	B	B	A	B	B	A	A
14	201400918	陈＊	男	2014009	A	B	A	A	A	A	A	B	A	B	B	A	C
15	201400919	孟＊彪	男	2014009	B	B	C	C	C	C	C	C	C	C	C	C	C
16	201400921	赵＊悦	女	2014009	A	B	A	C	B	C	B	C	A	B	C	A	B
17	201400922	徐＊金	男	2014009	A	B	A	A	A	A	C	B	B	A	C	A	C
18	201400923	秦＊利	男	2014009	B	C	A	A	B	A	B	C	A	C	A	B	A
19	201400924	郭＊	男	2014009	C	C	B	A	B	A	C	B	C	C	B	C	C
20	201400926	蒋＊飞	男	2014009	C	C	C	C	C	C	A	A	B	B	C	A	A
21	201400927	韩＊珅	男	2014009	C	A	A	A	B	A	B	B	A	B	B	A	A
22	201400928	熊＊	男	2014009	A	A	A	A	A	A	C	B	B	B	A	A	A
23	201401001	丁＊	女	2014010	C	B	B	C	A	A	B	B	C	C	B	B	C
24	201401002	王＊超	男	2014010	C	B	C	C	C	C	B	B	A	A	B	B	B
25	201401006	朱＊明	男	2014010	B	C	C	C	C	C	C	C	C	C	C	C	C
26	201401007	张＊赫	男	2014010	C	A	C	C	B	C	C	C	C	C	B	C	C
27	201401011	张＊玲	女	2014010	B	B	A	A	B	A	B	C	C	A	B	A	A

续表

华北水利水电大学上课答题（教师版）																	
承担单位：测绘与地理信息学院			课　　程：专业英语					学　　分：									
任课教师：［魏冲］105151			上课班级：2014 人文地理					上课人数：40									
注：A 答对　B 答错　C 未答																	
序号	学号	姓名	性别	行政班级	180828		180831										
					1	2	1	2	3	4	5	6	7	8	9	10	11
28	201401012	李＊凡	女	2014010	C	A	A	A	B	A	B	B	A	B	C	A	B
29	201401013	李＊宇	女	2014010	A	C	A	A	C	C	C	C	C	C	C	A	A
30	201401014	李＊巍	男	2014010	B	A	B	A	B	C	B	B	A	B	B	A	A
31	201401015	李＊	男	2014010	C	C	A	B	B	C	B	B	A	B	C	B	A
32	201401018	陈＊源	男	2014010	C	C	A	C	B	A	B	B	B	A	A	A	A
33	201401019	陈＊卓	女	2014010	C	C	A	C	B	C	C	C	C	C	C	C	C
34	201401021	郑＊超	男	2014010	C	B	A	A	B	A	B	B	A	B	B	B	B
35	201401022	赵＊	男	2014010	C	A	A	B	B	B	B	B	A	B	B	A	B
36	201401023	郭＊鑫	男	2014010	B	B	C	C	C	C	C	C	C	C	C	C	C
37	201401024	郭＊	男	2014010	C	B	A	A	A	B	B	B	B	B	B	B	A
38	201401025	韩＊	男	2014010	B	A	A	A	B	A	B	B	A	A	A	B	B
39	201401026	韩＊毅	男	2014010	C	A	C	C	C	C	C	C	C	C	C	C	C
40	201401027	蔡＊青	男	2014010	C	C	A	A	A	A	C	B	C	B	B	A	C

附表 2　2014 级人文地理专业《专业英语》课程 9 月上课答题详细记录

华北水利水电大学上课答题（教师版）																			
承担单位：测绘与地理信息学院			课　程：专业英语								学　分：								
任课教师：［魏冲］105151			上课班级：2014 人文地理								上课人数：40								
注：A 答对　B 答错　C 未答																			
序号	学号	姓名	性别	行政班级	180904										180907				
					1	2	3	4	5	6	7	8	9	10	1	2	3	4	5
1	201400902	田 *	女	2014009	B	B	C	A	C	B	A	A	B	B	C	C	A	A	A
2	201400903	石 * 鑫	男	2014009	C	C	C	C	C	C	C	C	C	C	B	B	A	B	B
3	201400904	刘 * 扬	男	2014009	C	A	B	B	A	B	B	B	A	A	A	B	B	B	A
4	201400905	曲 *	男	2014009	C	C	C	C	C	C	C	C	C	C	C	C	C	C	C
5	201400906	闫 * 欣	女	2014009	C	C	C	C	C	C	C	C	C	B	B	A	A	B	B
6	201400907	齐 * 波	男	2014009	B	A	B	B	C	C	B	B	B	A	B	B	B	B	B
7	201400908	宋 *	男	2014009	B	A	B	C	B	A	B	A	C	A	B	B	A	B	C
8	201400910	张 * 荣	女	2014009	B	A	A	A	B	A	B	A	B	A	A	B	A	B	B
9	201400911	李 *	男	2014009	B	A	B	B	B	C	A	B	A	A	A	B	A	B	A
10	201400912	李 *	男	2014009	A	C	C	B	B	A	B	B	A	B	B	B	C	B	B
11	201400913	李 * 月	女	2014009	C	C	B	B	C	A	C	B	A	B	C	B	B	B	A
12	201400916	沈 * 州	男	2014009	A	A	B	B	A	A	B	A	C	B	B	A	B	A	B
13	201400917	邹 *	女	2014009	B	B	B	B	A	A	B	A	A	A	B	B	A	B	A

续表

华北水利水电大学上课答题（教师版）

承担单位：测绘与地理信息学院	课　程：专业英语	学　分：
任课教师：［魏冲］105151	上课班级：2014 人文地理	上课人数：40
注：A 答对　B 答错　C 未答		

序号	学号	姓名	性别	行政班级	180904										180907				
					1	2	3	4	5	6	7	8	9	10	1	2	3	4	5
14	201400918	陈 *	男	2014009	B	B	B	B	B	B	A	A	B	C	B	A	A	A	B
15	201400919	孟 * 彪	男	2014009	B	C	B	C	B	C	C	C	C	C	A	B	A	B	B
16	201400921	赵 * 悦	女	2014009	B	A	A	B	B	A	A	B	A	B	B	B	A	B	B
17	201400922	徐 * 金	男	2014009	A	A	B	B	A	B	B	B	B	A	A	B	C	B	A
18	201400923	秦 * 利	男	2014009	B	A	C	C	C	A	B	B	C	C	C	B	A	A	A
19	201400924	郭 *	男	2014009	C	C	C	C	C	C	C	B	A	B	B	B	B	B	A
20	201400926	蒋 * 飞	男	2014009	A	B	A	B	A	A	B	A	B	A	C	C	C	C	C
21	201400927	韩 * 珅	男	2014009	B	A	B	C	A	A	A	B	B	B	B	B	B	B	B
22	201400928	熊 *	男	2014009	A	B	B	C	B	A	A	A	B	A	A	A	B	A	A
23	201401001	丁 *	女	2014010	C	C	C	C	C	C	C	C	C	C	C	B	A	B	B
24	201401002	王 * 超	男	2014010	C	C	C	A	B	B	B	B	B	B	C	C	C	C	C
25	201401006	朱 * 明	男	2014010	C	C	C	C	C	C	C	C	A	B	C	B	A	B	B
26	201401007	张 * 赫	男	2014010	C	C	C	C	C	C	C	C	C	C	C	C	C	C	C
27	201401011	张 * 玲	女	2014010	A	B	B	B	B	A	B	A	B	B	A	A	B	B	A

续表

华北水利水电大学上课答题（教师版）																			
承担单位：测绘与地理信息学院			课　程：专业英语								学　分：								
任课教师：［魏冲］105151			上课班级：2014 人文地理								上课人数：40								
注：A 答对　B 答错　C 未答																			
序号	学号	姓名	性别	行政班级	180904										180907				
					1	2	3	4	5	6	7	8	9	10	1	2	3	4	5
28	201401012	李＊凡	女	2014010	B	A	A	A	B	A	A	A	A	B	A	A	A	B	B
29	201401013	李＊宇	女	2014010	B	A	A	A	B	B	C	A	B	B	B	A	A	B	B
30	201401014	李＊巍	男	2014010	B	C	C	C	B	B	A	B	A	A	B	B	B	B	A
31	201401015	李＊	男	2014010	B	B	B	A	A	B	C	B	B	B	B	B	A	B	A
32	201401018	陈＊源	男	2014010	B	A	B	B	B	A	A	B	A	B	B	A	C	A	B
33	201401019	陈＊卓	女	2014010	C	A	C	C	C	C	C	C	C	C	C	C	C	C	C
34	201401021	郑＊超	男	2014010	C	B	B	B	B	A	B	A	B	B	B	A	A	B	B
35	201401022	赵＊	男	2014010	C	C	C	C	C	C	C	C	C	C	A	B	C	B	C
36	201401023	郭＊鑫	男	2014010	B	A	B	B	B	C	A	A	A	B	C	C	C	C	C
37	201401024	郭＊	男	2014010	B	C	B	B	B	B	B	C	A	B	B	A	B	B	B
38	201401025	韩＊	男	2014010	B	A	B	B	C	A	B	B	A	C	B	B	B	B	B
39	201401026	韩＊毅	男	2014010	C	C	B	B	C	A	B	A	B	A	B	B	C	C	C
40	201401027	蔡＊青	男	2014010	C	C	C	C	C	C	C	C	C	C	C	C	C	C	C

附表 3　2015 级人文地理专业《专业英语》课程 10 月上课答题详细记录

华北水利水电大学上课答题（教师版）											
承担单位：测绘与地理信息学院			课　　程：专业英语				学　　分：				
任课教师：［魏冲］105151			上课班级：2015 人文地理				上课人数：39				
注：A 答对　B 答错　C 未答											
序号	学号	姓名	性别	行政班级	181009					181011	181016
					1	2	3	4	5	1	1
1	201501101	王 * 利	女	2015011	C	C	B	B	A	A	C
2	201501102	乔 * 会	男	2015011	C	A	C	C	C	C	C
3	201501104	孙 * 兴	男	2015011	C	A	C	C	C	C	C
4	201501106	朱 * 扬	男	2015011	C	C	C	C	B	A	C
5	201501107	闫 * 晶	女	2015011	C	A	B	B	A	A	C
6	201501108	张 * 佳	男	2015011	B	C	C	C	C	C	C
7	201501110	李 *	女	2015011	A	B	B	A	A	C	C
8	201501112	杨 *	女	2015011	C	A	B	B	A	A	C
9	201501114	孟 * 凤	女	2015011	B	A	B	B	A	A	C
10	201501115	侯 * 铁	男	2015011	C	A	B	C	B	B	C
11	201501117	郝 *	男	2015011	C	A	C	B	C	A	C
12	201501120	曹 * 涵	女	2015011	C	C	B	B	A	A	C
13	201501121	隋 *	男	2015011	C	C	C	C	B	C	C

续表

华北水利水电大学上课答题（教师版）											
承担单位：测绘与地理信息学院			课　　程：专业英语			学　　分：					
任课教师：［魏冲］105151			上课班级：2015 人文地理			上课人数：39					
注：A 答对　B 答错　C 未答											
序号	学号	姓名	性别	行政班级	181009					181011	181016
					1	2	3	4	5	1	1
14	201501125	路＊	男	2015011	C	C	C	C	C	C	C
15	201501126	蔡＊	男	2015011	C	A	B	B	A	B	C
16	201501201	于＊洋	男	2015012	C	C	C	C	C	A	C
17	201501202	王＊武	男	2015012	C	A	B	B	B	B	C
18	201501203	王＊宇	男	2015012	C	A	B	B	C	A	C
19	201501204	代＊	男	2015012	C	A	B	B	A	A	C
20	201501205	冯＊雨	女	2015012	C	A	B	B	A	B	C
21	201501206	任＊	女	2015012	C	C	C	C	C	C	C
22	201501207	刘＊	女	2015012	C	C	C	B	C	A	C
23	201501208	朱＊洋	男	2015012	C	A	B	B	B	B	C
24	201501209	许＊婧	女	2015012	C	A	B	B	A	B	C
25	201501210	闫＊静	女	2015012	C	C	C	C	C	C	C
26	201501211	吴＊滔	男	2015012	C	C	B	B	C	C	C

续表

华北水利水电大学上课答题（教师版）											
承担单位：测绘与地理信息学院				课　　程：专业英语				学　　分：			
任课教师：［魏冲］105151				上课班级：2015 人文地理				上课人数：39			
注：A 答对　B 答错　C 未答											
序号	学号	姓名	性别	行政班级	181009					181011	181016
					1	2	3	4	5	1	1
27	201501212	张*林	女	2015012	C	C	C	C	C	C	C
28	201501213	张*萱	男	2015012	C	A	C	B	C	C	C
29	201501215	李*汝	女	2015012	C	C	C	C	C	A	C
30	201501216	周*秋	女	2015012	C	A	B	B	A	B	C
31	201501217	范*	女	2015012	C	A	B	B	B	C	C
32	201501218	侯*果	男	2015012	C	A	B	B	A	A	C
33	201501219	段*	男	2015012	C	C	C	C	C	A	C
34	201501220	赵*祎	女	2015012	A	A	B	A	A	A	C
35	201501221	徐*皓	男	2015012	C	A	B	C	A	B	C
36	201501222	高*率	男	2015012	B	A	B	B	A	A	C
37	201501223	谢*超	男	2015012	C	A	B	B	B	A	C
38	201501225	韩*	男	2015012	C	A	B	B	B	C	C
39	201501226	裴*	女	2015012	C	C	C	C	C	C	C

附表 4　2014 级人文地理专业 9 班《专业英语》课程上课答题统计

华北水利水电大学上课答题（统计）						
承担单位：测绘与地理信息学院			课　　程：专业英语			学　　分：2
任课教师：［魏冲］105151			上课班级：2014009			上课人数：22
注：A 答对　B 答错　C 未答						
行政班级	学号	姓名	性别	错误	未参与	正确
2014009	201400902	田＊	女	7	4	11
	201400903	石＊鑫	男	14	10	12
	201400904	刘＊扬	男	17	4	16
	201400905	曲＊	男	1	34	
	201400906	闫＊欣	女	6	24	5
	201400907	齐＊波	男	15	12	9
	201400908	宋＊	男	17	8	12
	201400910	张＊荣	女	11	6	19
	201400911	李＊	男	26	4	22
	201400912	李＊	男	21	4	10
	201400913	李＊月	女	15	7	13
	201400916	沈＊州	男	11	9	15
	201400917	邹＊	女	18		17
	201400918	陈＊	男	15	2	18
	201400919	孟＊彪	男	11	18	6
	201400921	赵＊悦	女	19	4	13
	201400922	徐＊金	男	15	6	19
	201400923	秦＊利	男	8	12	15
	201400924	郭＊	男	14	16	5
	201400926	蒋＊飞	男	7		
	201400927	韩＊珅	男	19	2	15
	201400928	熊＊	男	8	2	25
小计				295	188	277

附表5　2014级人文地理专业10班《专业英语》课程上课答题统计

华北水利水电大学上课答题（统计）						
承担单位：测绘与地理信息学院			课　　程：专业英语			学　　分：2
任课教师：［魏冲］105151			上课班级：2014010			上课人数：18
注：A答对　B答错　C未答						
行政班级	学号	姓名	性别	错误	未参与	正确
2014010	201401001	丁＊	女	13	16	6
	201401002	王＊超	男	16	13	6
	201401006	朱＊明	男	7	21	8
	201401007	张＊赫	男	6	25	4
	201401011	张＊玲	女	18	2	15
	201401012	李＊凡	女	12	2	21
	201401013	李＊宇	女	14	9	14
	201401014	李＊巍	男	18	4	14
	201401015	李＊	男	20	5	19
	201401018	陈＊源	男	15	5	19
	201401019	陈＊卓	女	6	25	5
	201401021	郑＊超	男	24	2	10
	201401022	赵＊	男	13	14	8
	201401023	郭＊鑫	男	10	18	7
	201401024	郭＊	男	22	3	10
	201401025	韩＊	男	18	4	13
	201401026	韩＊毅	男	6	25	4
	201401027	蔡＊青	男	4	23	8
小计				242	216	191

附表 6　2014 级人文地理专业《专业英语》课程上课点名册

华北水利水电大学上课点名册（教师版）									
承担单位：测绘与地理信息学院			课　　程：专业英语			学　　分：2			
任课教师：［魏冲］105151			上课班级：2014 人文地理			上课人数：40			
注：√到课　×旷课　○请假　×○迟到									
序号	学号	姓名	性别	行政班级	170831	170904	170907	171016	171018
1	201400902	田＊	女	2014009	√	×	√	√	√
2	201400903	石＊鑫	男	2014009	√	√	√	√	√
3	201400904	刘＊扬	男	2014009	√	√	√	√	√
4	201400905	曲＊	男	2014009	√	√	√	×	√
5	201400906	闫＊欣	女	2014009	√	√	√	√	√
6	201400907	齐＊波	男	2014009	√	√	√	√	√
7	201400908	宋＊	男	2014009	√	√	√	√	√
8	201400910	张＊荣	女	2014009	√	√	√	√	√
9	201400911	李＊	男	2014009	√	√	√	√	√
10	201400912	李＊	男	2014009	√	√	√	√	√
11	201400913	李＊月	女	2014009	√	√	√	√	√
12	201400916	沈＊州	男	2014009	√	√	√	×○	√
13	201400917	邹＊	女	2014009	√	√	√	√	√
14	201400918	陈＊	男	2014009	√	√	√	√	√
15	201400919	孟＊彪	男	2014009	√	√	√	√	√
16	201400921	赵＊悦	女	2014009	√	√	√	√	√
17	201400922	徐＊金	男	2014009	√	√	√	√	√
18	201400923	秦＊利	男	2014009	√	√	√	√	√
19	201400924	郭＊	男	2014009	√	√	√	√	√
20	201400926	蒋＊飞	男	2014009	×	√	×○	√	√
21	201400927	韩＊珅	男	2014009	√	√	√	√	√

华北水利水电大学上课点名册（教师版）									
承担单位：测绘与地理信息学院				课　　程：专业英语			学　　分：2		
任课教师：［魏冲］105151				上课班级：2014 人文地理			上课人数：40		
注：√到课　×旷课　○请假　×○迟到									
22	201400928	熊＊	男	2014009	√	√	√	√	√
23	201401001	丁＊	女	2014010	√	×	√	√	√
24	201401002	王＊超	男	2014010	√	√	√	√	√
25	201401006	朱＊明	男	2014010	√	√	√	√	√
26	201401007	张＊赫	男	2014010	√	√	√	√	√
27	201401011	张＊玲	女	2014010	√	√	√	√	√
28	201401012	李＊凡	女	2014010	√	√	√	√	√
29	201401013	李＊宇	女	2014010	√	√	√	√	√
30	201401014	李＊巍	男	2014010	√	√	√	√	√
31	201401015	李＊	男	2014010	√	√	√	√	√
32	201401018	陈＊源	男	2014010	√	√	√	√	√
33	201401019	陈＊卓	女	2014010	√	√	√	√	√
34	201401021	郑＊超	男	2014010	√	√	√	√	√
35	201401022	赵＊	男	2014010	√	√	√	√	√
36	201401023	郭＊鑫	男	2014010	√	√	√	√	√
37	201401024	郭＊	男	2014010	√	√	√	√	√
38	201401025	韩＊	男	2014010	√	√	√	√	√
39	201401026	韩＊毅	男	2014010	√	√	√	√	√
40	201401027	蔡＊青	男	2014010	√	√	√	√	√

附表 7　2014 级人文地理专业 9 班《专业英语》课程上课点名统计

华北水利水电大学上课点名册（统计）						
承担单位：测绘与地理信息学院		课　　程：专业英语			学　　分：2	
任课教师：[魏冲] 105151		上课班级：2014009			上课人数：22	
注：√到课　×旷课　○请假　×○迟到						
行政班级	学号	姓名	性别	×旷课	×○迟到	√正常
2014009	201400902	田＊	女	1	0	4
	201400903	石＊鑫	男	0	0	5
	201400904	刘＊扬	男	0	0	5
	201400905	曲＊	男	1	0	4
	201400906	闫＊欣	女	0	0	5
	201400907	齐＊波	男	0	0	5
	201400908	宋＊	男	0	0	5
	201400910	张＊荣	女	0	0	5
	201400911	李＊	男	0	0	5
	201400912	李＊	男	0	0	5
	201400913	李＊月	女	0	0	5
	201400916	沈＊州	男	0	1	4
	201400917	邹＊	女	0	0	5
	201400918	陈＊	男	0	0	5
	201400919	孟＊彪	男	0	0	5
	201400921	赵＊悦	女	0	0	5
	201400922	徐＊金	男	0	0	5
	201400923	秦＊利	男	0	0	5
	201400924	郭＊	男	0	0	5
	201400926	蒋＊飞	男	1	1	3
	201400927	韩＊珅	男	0	0	5
	201400928	熊＊	男	0	0	5
小计				3	2	105

附表 8　2014 级人文地理专业 10 班《专业英语》课程上课点名统计

华北水利水电大学上课点名册（统计）						
承担单位：测绘与地理信息学院			课　　程：专业英语		学　　分：2	
任课教师：[魏冲] 105151			上课班级：2014010		上课人数：18	
注：√到课　×旷课　○请假　×○迟到						
行政班级	学号	姓名	性别	×旷课	×○迟到	√正常
2014010	201401001	丁＊	女	1	0	4
	201401002	王＊超	男	0	0	5
	201401006	朱＊明	男	0	0	5
	201401007	张＊赫	男	0	0	5
	201401011	张＊玲	女	0	0	5
	201401012	李＊凡	女	0	0	5
	201401013	李＊宇	女	0	0	5
	201401014	李＊巍	男	0	0	5
	201401015	李＊	男	0	0	5
	201401018	陈＊源	男	0	0	5
	201401019	陈＊卓	女	0	0	5
	201401021	郑＊超	男	0	0	5
	201401022	赵＊	男	0	0	5
	201401023	郭＊鑫	男	0	0	5
	201401024	郭＊	男	0	0	5
	201401025	韩＊	男	0	0	5
	201401026	韩＊毅	男	0	0	5
	201401027	蔡＊青	男	0	0	5
小计				1	0	89

附表 9　2015 级人文地理专业 11 班《专业英语》课程上课点名统计

华北水利水电大学上课点名册（统计）							
承担单位：测绘与地理信息学院				课　　程：专业英语		学　　分：2	
任课教师：［魏冲］105151				上课班级：2015011		上课人数：15	
注：√到课　×旷课　○请假　×○迟到							
行政班级	学号	姓名	性别	×旷课	√正常	○请假	×○迟到
2015011	201501101	王＊利	女	0	6	0	0
	201501102	乔＊会	男	0	6	0	0
	201501104	孙＊兴	男	0	5	1	0
	201501106	朱＊扬	男	0	5	0	1
	201501107	闫＊晶	女	0	6	0	0
	201501108	张＊佳	男	0	6	0	0
	201501110	李＊	女	1	5	0	0
	201501112	杨＊	女	0	6	0	0
	201501114	孟＊凤	女	0	5	1	0
	201501115	侯＊铁	男	0	6	0	0
	201501117	郝＊	男	0	6	0	0
	201501120	曹＊涵	女	0	6	0	0
	201501121	隋＊	男	0	5	0	1
	201501125	路＊	男	0	6	0	0
	201501126	蔡＊	男	0	5	0	1
小计				1	84	2	3

附表 10　2015 级人文地理专业 12 班《专业英语》课程上课点名统计

<table>
<tr><td colspan="8">华北水利水电大学上课点名册（统计）</td></tr>
<tr><td colspan="3">承担单位：测绘与地理信息学院</td><td colspan="3">课　　程：专业英语</td><td colspan="2">学　　分：2</td></tr>
<tr><td colspan="3">任课教师：[魏冲] 105151</td><td colspan="3">上课班级：2015012</td><td colspan="2">上课人数：24</td></tr>
<tr><td colspan="8">注：√到课　×旷课　○请假　×○迟到</td></tr>
<tr><td>行政班级</td><td>学号</td><td>姓名</td><td>性别</td><td>×旷课</td><td>√正常</td><td>○请假</td><td>×○迟到</td></tr>
<tr><td rowspan="24">2015012</td><td>201501201</td><td>于＊洋</td><td>男</td><td>0</td><td>5</td><td>0</td><td>1</td></tr>
<tr><td>201501202</td><td>王＊武</td><td>男</td><td>0</td><td>6</td><td>0</td><td>0</td></tr>
<tr><td>201501203</td><td>王＊宇</td><td>男</td><td>0</td><td>6</td><td>0</td><td>0</td></tr>
<tr><td>201501204</td><td>代＊</td><td>男</td><td>0</td><td>6</td><td>0</td><td>0</td></tr>
<tr><td>201501205</td><td>冯＊雨</td><td>女</td><td>0</td><td>6</td><td>0</td><td>0</td></tr>
<tr><td>201501206</td><td>任＊</td><td>女</td><td>0</td><td>6</td><td>0</td><td>0</td></tr>
<tr><td>201501207</td><td>刘＊</td><td>女</td><td>0</td><td>5</td><td>1</td><td>0</td></tr>
<tr><td>201501208</td><td>朱＊洋</td><td>男</td><td>0</td><td>6</td><td>0</td><td>0</td></tr>
<tr><td>201501209</td><td>许＊婧</td><td>女</td><td>0</td><td>6</td><td>0</td><td>0</td></tr>
<tr><td>201501210</td><td>闫＊静</td><td>女</td><td>0</td><td>6</td><td>0</td><td>0</td></tr>
<tr><td>201501211</td><td>吴＊滔</td><td>男</td><td>1</td><td>5</td><td>0</td><td>0</td></tr>
<tr><td>201501212</td><td>张＊林</td><td>女</td><td>0</td><td>6</td><td>0</td><td>0</td></tr>
<tr><td>201501213</td><td>张＊萱</td><td>男</td><td>0</td><td>6</td><td>0</td><td>0</td></tr>
<tr><td>201501215</td><td>李＊汝</td><td>女</td><td>0</td><td>6</td><td>0</td><td>0</td></tr>
<tr><td>201501216</td><td>周＊秋</td><td>女</td><td>0</td><td>6</td><td>0</td><td>0</td></tr>
<tr><td>201501217</td><td>范＊</td><td>女</td><td>0</td><td>6</td><td>0</td><td>0</td></tr>
<tr><td>201501218</td><td>侯＊果</td><td>男</td><td>0</td><td>6</td><td>0</td><td>0</td></tr>
<tr><td>201501219</td><td>段＊</td><td>男</td><td>0</td><td>6</td><td>0</td><td>0</td></tr>
<tr><td>201501220</td><td>赵＊祎</td><td>女</td><td>0</td><td>6</td><td>0</td><td>0</td></tr>
<tr><td>201501221</td><td>徐＊皓</td><td>男</td><td>0</td><td>6</td><td>0</td><td>0</td></tr>
<tr><td>201501222</td><td>高＊率</td><td>男</td><td>0</td><td>6</td><td>0</td><td>0</td></tr>
<tr><td>201501223</td><td>谢＊超</td><td>男</td><td>0</td><td>6</td><td>0</td><td>0</td></tr>
<tr><td>201501225</td><td>韩＊</td><td>男</td><td>0</td><td>6</td><td>0</td><td>0</td></tr>
<tr><td>201501226</td><td>裴＊</td><td>女</td><td>0</td><td>6</td><td>0</td><td>0</td></tr>
<tr><td colspan="3">小计</td><td></td><td>1</td><td>141</td><td>1</td><td>1</td></tr>
</table>

参　考　文　献

［1］王宏广，朱姝，尹志欣，等. 信息技术之后的新科技革命会带来什么？［J］. 科技中国，2018（3）：1－5.

［2］冯昭奎. 科技革命发生了几次——学习习近平主席关于“新一轮科技革命”的论述［J］. 世界经济与政治，2017（2）：4－24＋155－156.

［3］姜正新. 国际互联网教育促进“一带一路”社会工作合作发展［J］. 社会与公益，2018（12）：18.

［4］张明明. “互联网＋”：经济社会发展新动能［J］. 人民论坛，2018（29）：80－81.

［5］康翠翠. 浅析互联网技术在社会发展中的作用［J］. 农业科技与信息，2018（11）：125－126.

［6］罗序斌. “互联网＋”背景下中国传统制造业转型升级研究［J］. 金融教育研究，2019（1）：18－29.

［7］邵雪芬. 互联网时代的学习新思维［J］. 学周刊，2019（9）：191.

［8］孟亮. 中国参与全球互联网治理的战略选择——基于战略管理的SWOT分析视角［J］. 领导科学，2019（2）：4－7.

［9］周蕊. 改革开放与互联网时代变革［J］. 小康，2019（1）：6.

［10］刘振勇，陆霞，王刚强. “互联网＋”视域下信访权利实现的渠道创新研究［J/OL］. 领导科学，2019（4）：122－124. https：//doi. org/10. 19572/j. cnki. ldkx. 2019. 04. 033.

［11］葛海霞. 互联网时代科技记者的创新与坚守［J］. 科技传播，2019（3）：105－106＋111.

［12］冯小桃. “互联网＋”背景下企业管理模式创新研究［J/OL］. 现代营销（下旬刊），2019（1）：123. http：//kns. cnki. net/kcms/detail/22. 1256. f. 20190120. 2319. 192. html.

［13］徐鲭. “互联网＋”背景下会计专业创新教学平台路径研究［J］. 轻工科技，2019（1）：174－175.

［14］王艳双，王然，王宇，厉仪. 互联网推动工业企业技术创新途径探讨［J］. 现代营销：经营版，2019（1）：138.

［15］谭建荣. 制造业与互联网融合的趋势和实践［J］. 物联网学报，2018，2（4）：1－4.

［16］张越. 面向工业制造的“互联网＋”机遇［J］. 中国信息化，2015（9）：

34-35.

[17] 王磊.“互联网+”在农业技术推广中的作用与发展前景［J］. 农业与技术，2019（2）：168-169.

[18] 黄可权，杨传鸣，高令国.“互联网+”助推农业供给侧结构性改革研究［J］. 牡丹江师范学院学报：哲学社会科学版，2018（6）：64-71.

[19] 魏芸.“互联网+”对农业经济发展的影响分析［J］. 现代园艺，2018（24）：12.

[20] 朱红艳.“互联网+”背景下的教育信息化探索［J］. 学周刊，2019（8）：142.

[21] 姜丽丽，仝爱华，胡志飞.“互联网+”背景下对应用型本科院校金融学专业向互联网金融专业转型发展的探索［J］. 商业经济，2019（1）：176-179.

[22] 于涵. 基于互联网+大数据的教育技术应用研究［J］. 计算机产品与流通，2019（1）：131.

[23] 蔡宗模，张海生，吴朝平，等.“高质量发展”对教育提出了什么要求——基于十九大报告的文本解读［J］. 当代教育论坛，2018（6）：31-38.

[24] 杨洁，卫欢，谢美. 聚焦十九大，建设教育强国（一）［J］. 西部素质教育，2018，4（6）：8-9.

[25] 张力. 深入贯彻党的十九大精神，加快教育现代化［J］. 终身教育研究，2017，28（6）：3-5.

[26] 杨现民，赵鑫硕.“互联网+”时代学习资源再认识及其发展趋势［J］. 电化教育研究，2016，37（10）：88-96.

[27] 何晓瑄.“互联网+教育”让教育公平时刻“在线”［N］. 兰州日报，2019-01-18（002）.

[28] 张睿琳.“互联网+”背景下智慧教学方法研究［J］. 技术与市场，2019，26（1）：55+57.

[29] 陈杰. 高等教育现代化视域下大学生核心素养及培育［D］. 石家庄：河北科技大学，2019.

[30] 方中雄. 面向2035年的首都教育现代化变革趋势［J］. 北京教育（高教），2019（1）：9-13.

[31] 郝兆杰，颜荆京. 教育信息化推动教育现代化：机理与策略［J］. 教育探索，2018（6）：5-11.

[32] 朱东亮“互联网+”时代南京图书馆面临的机遇、挑战及其对策研究［D］. 南京：南京师范大学，2018.

[33] 王丹.“互联网+”背景下流通组织平台运作机制研究［D］. 北京：首都经济贸易大学，2018.

[34] 赵宣凯，何宇，朱欣乐，等.“互联网+”式并购对提高上市公司市场价值的影响［J］. 福建师范大学学报：哲学社会科学版，2019（1）：28-39+168.

[35] 邹火英.“互联网+”时代高职院校青年教师核心素养发展研究［J］. 常州信息职业技术学院学报，2019（1）：13-16.

[36] 李薇."互联网+"时代下对小微企业股权众筹融资模式的探析 [J]. 河北企业，2019 (2)：96 - 97.
[37] 张静，刘晓平."互联网+"对物流末端配送服务的影响 [J]. 重庆交通大学学报：社会科学版，2019 (1)：64 - 68.
[38] 王莹丹，贾真."互联网+"背景下甘肃省知识产权运营平台建设研究 [J/OL]. 品牌研究：2019 (2) 1 - 3. https：//doi. org/10. 19373/j. cnki. 14 - 1384/f. 20190129. 077.
[39] 张青青. "互联网+"背景下网络思想政治教育载体优化研究 [D]. 武汉：武汉大学，2017.
[40] 胡旺."互联网+"教育背景下智慧学习生态环境构建研究 [D]. 徐州：江苏师范大学，2017.
[41] 陈功力. "互联网+"时代背景下高校思想政治教育创新研究 [D]. 西宁：青海大学，2017.
[42] 魏则文."互联网+"时代我国高校教与学问题及对策研究 [D]. 西安：西安理工大学，2018.
[43] 申丽君."互联网+教育"背景下大学生学习能力现状及发展策略研究 [D]. 无锡：江南大学，2018.
[44] 吴淑青."互联网+教育"时代混合学习模式研究 [D]. 桂林：广西师范学院，2018.
[45] 于扬：所有传统和服务应该被互联网改变 [OL]. http：//tech. q. com/a/20121114/000080. htm.
[46] 马化腾. 互联网+：国家战略行动路线图 [M]. 北京：中信出版社. 2015.
[47] 李东方."互联网+"时代中国流通组织现代化转型研究 [D]. 西安：西北大学，2016.
[48] 刘惠敏. 从"+互联网"到"互联网+"的教育思考 [J]. 软件导刊：教育技术，2016，15 (1)：44 - 45.
[49] 马化腾. 关于以"互联网+"为驱动，推进我国经济社会创新发展的建议 [OL]. http：//www. tisi. org/Article/lists/id/3776. html.
[50] 李李."互联网+"背景下大学生创业的政策支持研究 [D]. 北京：首都经济贸易大学，2018.
[51] 胡英. 网络舆情视角下的"互联网+"行业发展趋势研究 [D]. 北京：首都经济贸易大学，2018.
[52] 焦彩红."互联网+"背景下党建创新研究 [D]. 大理：大理大学，2018.
[53] 中华人民共和国国务院. 政府工作报告 [OL]. http：//www. gov. cn/premier/2015 - 03/16/content _ 2835101. htm.
[54] 中华人民共和国国务院. 关于积极推进"互联网 +"行动的指导意见 [OL]. http：//www. gov. cn/zhengce/content/2015 - 07/04/content _ 10002. htm. 刘延东. 以教育信息化全面推动教育现代化 [OL]. http：//www. cac. gov. cn/2015 - 11/20/c _ 1117203757. html.

[55] 包政，张兴旺，张林先，等．“互联网＋”时代营销新思想之包子堂系列丛书［M］．北京：机械工业出版社，2015.

[56] 王吉斌，彭盾．“互联网＋传统企业”的自我颠覆、组织重构、管理进化与互联网转型［M］．北京：机械工业出版社，2015.

[57] 刘淑萍．“互联网＋”内涵与发展评价指标体系［J/OL］．科技经济市场，2018（11）：58－63. http：//kns. cnki. net/kcms/detail/36. 1122. n. 20181210. 1720. 052. html.

[58] 安鑫，杨亚芹．“互联网＋教育”：内涵、趋势与推进机制［J］．中国成人教育，2017（3）：31－32.

[59] 马化腾．制定“互联网＋”全国发展战略［OL］．http：//www. sohu. com/a/4353486_115929.

[60] 王乔峰，曹效英，路璐．“互联网＋教育”模式的发展情况分析［J］．中国教育信息化，2015（15）：9－11.

[61] 郭慧琳．“互联网＋教育”的哲学思考［D］．长春：吉林大学，2017.

[62] 王竹立．“互联网＋教育”未来发展趋势预测［J］．中小学信息技术教育，2016（5）：22.

[63] 朱月翠，张文德．基于“互联网＋”的福建省高等教育信息化联动发展思考［J］．中国教育信息化，2016（7）：59－63.

[64] 朱月翠，张文德．“互联网＋教育”基本模型探析［J］．中国教育信息化，2015（19）：12－15.

[65] 余来文，林晓伟，封智勇，等．互联网思维 2.0：物联网、云计算、大数据［M］．北京：经济管理出版社，2017.

[66] 沈进兵．“互联网＋”视阈下远程教育混合式教学模式的创新思考［J］．湖北成人教育学院学报，2018，24（6）：33－36.

[67] 强磊，勾善文，林明，等．“互联网＋智慧城市”核心技术及行业应用［M］．北京：人民邮电出版社，2018.

[68] 阿里研究院．“互联网＋”研究报告［R/OL］．http：//www. askci. com/chanye/2015/03/13/85637vPqv. shtml.

[69] 常诚．“互联网＋”背景下马克思自然资源物质观和实践观的发展［D］．北京：首都经济贸易大学，2017.

[70] 吴南中．“互联网＋教育”内涵解析与推进机制研究［J］．成人教育，2016，36（01）：6－11.

[71] 吴南中，黄治虎，曾靓，等．大数据视角下“互联网＋教育”生态观及其建构［J］．中国电化教育，2018（10）：22－30.

[72] 王琴．“互联网＋教育”背景下高校思想政治理论课信息化教学探索［J/OL］．品牌研究：2019（2）：1－2. https：//doi. org/10. 19373/j. cnki. 14－1384/f. 190128. 030.

[73] 王宁邦，徐博．“互联网＋教育”均衡背景下城市优质教学资源乡村创新共享应用模式［J/OL］．智能计算机与应用：2019（2）：1－7. http：//kns.

cnki. net/kcms/detail/23. 1573. TN. 20190129. 1614. 002. html.

[74] 储常连，莫灿灿."互联网+"时代高等教育的创新发展与未来走向［J］. 重庆高教研究，2017，5（04）：121-127.

[75] 余胜泉，王阿习."互联网+教育"的变革路径［J］. 中国电化教育，2016（10）：1-9.

[76] 张敏."互联网+教育"背景下地方高校教师培训优化策略探究［J/OL］. 宁波教育学院学报，2019（1）：35-37. https：//doi. org/10. 13970/j. cnki. nbjyxyxb. 2019. 01. 011.

[77] 吴媛. 基于"互联网+教育"技术的翻转课堂教学模式研究［J］. 中国成人教育，2016（22）：93-96.

[78] 郝连科，鲁琪."互联网+教育"的创新模式构建研究［J］. 长春大学学报，2017，27（8）：74-78.

[79] 郝连科，唐吉平."互联网+教育"背景下微信学习平台构建研究——以Photoshop图像处理课程为例［J］. 情报科学，2016，34（8）：104-109+115.

[80] 张茂聪，秦楠. 互联网+教育：内涵、问题与模式建构［J］. 当代教育与文化，2016，8（3）：22-28.

[81] 陈丽."互联网+教育"的创新本质与变革趋势［J］. 远程教育杂志，2016，34（4）：3-8.

[82] 陈丽，林世员，郑勤华."互联网+"时代中国远程教育的机遇和挑战［J］. 现代远程教育研究，2016（1）：3-10.

[83] 陈丽，李波，郭玉娟，等."互联网+"时代我国基础教育信息化的新趋势和新方向［J］. 电化教育研究，2017，38（5）：5-12+27.

[84] 束乾倩，涂庆华，谈悠."互联网+终身教育体系"建设的内涵与特征［J］. 中国职业技术教育，2018（36）：42-47.

[85] 徐晶晶，张虹."互联网+教育"视域下的新型师生关系：内涵、嬗变及形成机制［J］. 教育理论与实践，2018，38（35）：29-31.

[86] 冯小桐."互联网+"视域下生态文明宣传教育的内涵及路径［J］. 湖南生态科学学报，2018，5（3）：57-62.

[87] 李政."互联网+职业教育"：内涵、价值与对策［J］. 江苏教育，2018（60）：20-23.

[88] 熊双英."互联网+"背景下教育系统的内涵体系与复杂特性研究［D］. 广州：广东技术师范学院，2018.

[89] 秦虹，张武升."互联网+教育"的本质特点与发展趋向［J］. 教育研究，2016，37（06）：8-10.

[90] 陈婷."互联网+教育"背景下智慧课堂教学模式设计与应用研究［D］. 徐州：江苏师范大学，2017.

[91] 张剑，张宏民，张水胜."互联网+"背景下信息与计算科学专业教育教学改革研究［J］. 高师理科学刊，2018，38（12）：63-65.

[92] 赵垣可.“互联网+”时代下学生发展核心素养的机遇、挑战及对策［J］. 华中师范大学研究生学报，2018，25（3）：15－18.

[93] 苏伟豪.“互联网+”背景下高校辅导员工作的机遇和挑战［J］. 湖北函授大学学报，2018，31（14）：30－32.

[94] 赵刚.“互联网+”背景下大学生创新创业教育的机遇与挑战［J］. 当代教研论丛，2018（7）：97－98.

[95] 赵丽娟，周航.“互联网+”时代教育督导信息化建设的机遇、挑战与对策［J］. 中国电化教育，2018（7）：39－44.

[96] 兰莹莹.“互联网+”给高等教育教学改革带来的机遇和挑战［J］. 大学教育，2018（5）：37－39.

[97] 卞雅妮.“互联网+”背景下高校思想政治教育面临的机遇与挑战［J］. 科学大众：科学教育，2018（12）：116－117.

[98] 毛智辉.“互联网+”教学：机遇与挑战并存［J］. 文教资料，2017（7）：174－176.

[99] 吴淑娴，谭吉.“互联网+”时代高等教育：机遇，挑战与对策［J］. 法制与社会，2017（03）：229－230.

[100] 陈晓勇.“互联网+”时代的教育：机遇、挑战与对策［J］. 黑龙江教育：理论与实践，2017（Z1）：20－21.

[101] 何梦莹.“互联网+”时代教育公平面临的机遇和挑战［J］. 郧阳师范高等专科学校学报，2016，36（5）：123－126.

[102] 张宾，蒋瑞芳.“互联网+”背景下教育面临的机遇与挑战［J］. 课程教育研究，2016（37）：6.

[103] 田婷婷. 互联网教育时代高校教师面临的机遇与挑战［J］. 湖北函授大学学报，2017，30（6）：25－26.

[104] 代昕雨. 智能手机产业链分析及行业发展趋势［J］. 中国市场，2019（2）：63－64.

[105] 陈鸣涧. 智能手机发展趋势预测［J］. 通讯世界，2019，26（1）：211－212.

[106] 刘熠阳. 手机产业蓬勃发展存在的问题探讨［J］. 科技经济导刊，2018，26（36）：176－177.

[107] 李丽. 大学生智能手机成瘾的冲动性和其他相关因素及成瘾干预对策研究［D］. 长春：吉林大学，2016.

[108] 刘思佳，金灿灿. 大学生手机依赖与学习倦怠的关系：人格的调节作用［J］. 中国特殊教育，2018（5）：86－91.

[109] 周金辉，李晓飞. 大学生基于手机的学习行为现状调查研究［J］. 中国远程教育，2014（9）：52－59.

[110] 张金静，陈静，喻琪琪. 论手机媒体对大学生的影响［J］. 法制与社会，2019（1）：143－144.

[111] 张建，杨帅. 大学生“手机控”现状调查与对策分析［J］. 西南民族大学学报：人文社科版，2019，40（1）：143－151.

[112] 连晓荷. 浅析大学生手机依赖 [J]. 才智，2018 (35)：22.

[113] 姜永志，白晓丽. 大学生手机互联网依赖对疏离感的影响：社会支持系统的作用 [J]. 心理发展与教育，2014，30 (5)：540-549.

[114] 程敏林. 大学生过度手机依赖现象的小组工作介入研究 [D]. 长春：长春工业大学，2017.

[115] AhmedS，ParsonsD. Abductive science inquiry using mobile devices in the classroom [J]. Computers&Education，2013，63 (1)：62-72.

[116] 肖智慧. 手机休闲对当代大学生价值观的影响研究 [D]. 济南：山东大学，2017.

[117] 黎加厚，王竹立. 最终改变课堂的或许是手机——关于学生自带设备进课堂的讨论 [J]. 中国信息技术教育，2015 (20)：4-12.

[118] 王妍. 大学生课堂上手机使用的现状、存在问题及对策研究 [D]. 大连：辽宁师范大学，2015.

[119] 许国成，黄黎，魏莉莉，等. 大学生手机依赖与课堂学习效率的关系研究 [J]. 浙江理工大学学报，2014，32 (12)：535-538+543.

[120] 黄铖. 手机媒体对高校思想政治工作的影响及对策 [D]. 太原：中北大学，2017.

[121] 藏楠. 基于大学生手机依赖症背景下高校学风建设研究 [D]. 沈阳：沈阳航空航天大学，2017.

[122] 梁钰莹，牛雪剑. “互联网+”背景下智能手机对大学英语课堂教学的影响及应对策略 [J]. 学周刊，2018 (33)：12-13.

[123] 高顺成，王雪，李秋霞. 对被手机绑架的大学生听课情况的调查与思考 [J]. 办公自动化，2018，23 (15)：19-23.

[124] 张航. 智能手机在大学课程教学改革中的应用探讨——以 FCM 模式解决大学生课堂玩手机问题为例 [J]. 闽南师范大学学报：自然科学版，2018，31 (02)：112-116.

[125] 胡小玲. 高校课堂管理现状及对策分析 [J]. 扬州大学学报：高教研究版，2018，22 (3)：114-120.

[126] 胡小玲. 大学生课堂问题行为的调查与管理方法探索 [J]. 广东职业技术教育与研究，2018 (2)：91-94.

[127] 任成龙，王俭朴. 移动互联网时代，大学课堂教学的思考与改革 [J]. 教育现代化，2018，5 (1)：80-82.

[128] 曾晓剑. 移动互联网环境下大学课堂学习特征与教学方式创新 [J]. 衡阳师范学院学报，2018，39 (6)：159-162.

[129] Cheon J，Lee S，Crooks SM，et al. An investigation of mobile learning readiness in higher education based on the theory of planned behavior [J]. Computers&Education，2012，59 (3)：1054-1064.

[130] Scott W. Campbell. Perceptions of Mobile Phones in College Classrooms：Ringing，Cheating，and Classroom Policies [J]. Communication Education，

2006, 55 (3): 280-294.

[131] Scornavacca E., Huff S., Marshall S.. Mobile phones in the classroom: if you can't beat them, join them [M]. Communication of the ACM, 2009, 52 (4): 142-148.

[132] 高晓云. “互联网+”背景下手机融入大学课堂教学中引发的教学质量问题研究 [J]. 内蒙古财经大学学报, 2017, 15 (5): 104-107.

[133] 石海波. 互联网+时代高校课堂“人机之争”探析 [J]. 黑龙江教育: 高教研究与评估, 2017 (10): 46-47.

[134] 骆绍烨, 陈建辉, 庄美连. 大学课堂手机依赖原因与引导策略——以教师为实施主体的实证研究 [J]. 莆田学院学报, 2017, 24 (3): 93-98.

[135] 陈世林. 论课堂教学改革中的手机管理对策 [J]. 河南教育: 高教, 2017 (6): 36-38.

[136] Le-Le HU. Research on the Opportunities and Challenges of the Internet Plus Brings to China's Education [J]. Modern Educational Technology, 2015.

[137] 吴青熹. 互联网背景下的高等学校管理变革 [J]. 中国高等教育, 2014 (7): 57-58+61.

[138] 李永强, 马骁, 廖春华, 等. 适应教育信息化进程持续推进课程教学范式改革 [J]. 中国高等教育, 2015 (05): 42-44.

[139] 李浩然. 大学课堂使用手机现状分析与对策研究 [J]. 教育教学论坛, 2017 (25): 56-57.

[140] Gina Porter, Kate Hampshire, James Milner. Mobile Phones and Education in Sub-Saharan Africa: From Youth Practice to Public Policy [J]. Journal of International Development, 2016, 28 (1): 2-5.

[141] Teemu Leinonen, Anna Keune, Marjaana Veermans, et al. Mobile apps for reflection in learning: A design research in K-12 education [J]. British Journal of Educational Technology, 2016, 47 (1): 15-18.

[142] Victoria I. Marín, Päivikki Jääskelä, Päivi Häkkinen. Seamless Learning Environments in Higher Education with Mobile Devices and Examples [J]. International Journal of Mobile and Blended Learning (IJM-BL), 2016, 8 (1): 51-68.

[143] 王兆守, 张帆. 基于微信平台的大学课堂组织管理探讨 [J]. 高等理科教育, 2017 (4): 45-50+38.

[144] 杨枝茂. 信息技术在当代大学教学中的创新应用 [J]. 黑龙江教育学院学报, 2017, 36 (1): 43-45.

[145] Najmul Hasan, Md Mahfuz Ashraf, A B M Abdullah, et al. Introducing Mobile Internet as a Learning Assistant for Secondary and Higher Secondary Students [J]. The Journal of Developing Areas, 2016, 50 (5): 41-55.

[146] Goldberg Mary, Karimi Hassan, Pearlman Jonathan L. Interactive, mobile, aglle and novel education: a conceptual frame work to support students with mobility challenges in higher education [J]. Disability and rehabilitation. As-

sistive technology, 2016, 11 (1): 50-60.
[147] 范志刚，李斯，阎国钢. 在大学课堂教学中构建手机信息化教学模式的探讨 [J]. 中国高等医学教育，2013 (11)：42-43+96.
[148] 程志，金义富. 智能手机增强现实系统的架构及教育应用研究 [J]. 中国电化教育，2012 (08)：134-138.
[149] 孟勋. MOOC课程教学的特点和影响 [J]. 教育教学论坛，2019 (04)：219-220.
[150] 于坤杰. 信息化时代下的智慧课堂在电工学教学中的实践 [J/OL]. 科技创新导报：2019 (2)：1-2. https://doi.org/10.16660/j.cnki.1674-098X.2018.34.166.
[151] 刘文锴. 华北水利水电大学：推动国际化发展，建设高水平大学 [J]. 河南教育：高教，2018 (9)：46-48.
[152] 吕朦. 大学英语教师教学效能感实证研究——以华北水利水电大学为例 [J]. 华北水利水电大学学报：社会科学版，2018，34 (04)：121-125+156.
[153] 孙樱萁. 全面依法治国背景下法学本科毕业生就业现状及就业前景调查研究——以华北水利水电大学为例 [J]. 法制博览，2018 (19)：240+239.
[154] 胡倩. 高校韩语公共选修课的教学与思考——以华北水利水电大学为例 [J]. 河南教育：高教，2018 (7)：88-90.
[155] 杨杰，韩林山，上官林建，等. 新工科背景下地方高校人才培养模式改革与实践——以华北水利水电大学为例 [J]. 华北水利水电大学学报：社会科学版，2018，34 (3)：90-92.
[156] 李宗富. 信息生态视角下政务微信信息服务模式与服务质量评价研究 [D]. 长春：吉林大学，2017.
[157] 周祎. 政务微信功能研究 [D]. 成都：西南交通大学，2017.
[158] 郭丰莹. 微信中的私密社交研究 [D]. 长春：吉林大学，2017.
[159] 鄢彭汉青. 大学生微信使用与疏离感的关系研究 [D]. 武汉：武汉大学，2017.
[160] 张文爽. 基于微信公众平台的微课设计与开发研究 [D]. 锦州：渤海大学，2017.
[161] 黄瑛. 基于微信公众平台互联网企业品牌传播策略研究 [D]. 济南：山东大学，2017.
[162] 巫翠玉. 政务微信公众号用户采纳研究 [D]. 秦皇岛：燕山大学，2015.
[163] 张琪. 出版社微信公众号影响力评价模型构建及其应用研究 [D]. 武汉：武汉大学，2017.
[164] 韩文文. 党的十八大以来我国政务微信的发展及传播力研究 [D]. 杭州：浙江传媒学院，2017.
[165] 王萌. 国内传统新闻媒体微信公众号发展现状研究 [D]. 长春：吉林大学，2017.
[166] 周海晨，陆和建. "985工程"高校图书馆微信公众号研究 [J]. 大学图书馆学报，2017，35 (1)：46-52.

[167] 李宗富，张向先. 政务微信公众号服务质量的关键影响因素识别与分析 [J]. 图书情报工作，2016，60 (14)：84-93.

[168] 徐晶晶. 微信读书类订阅号盈利模式研究 [D]. 合肥：安徽大学，2017.

[169] 周海晨. 基于爬虫与文本挖掘的“985”高校图书馆微信公众号的调研 [D]. 合肥：安徽大学，2017.

[170] 周萌. 基于微信公众平台的高校图书馆阅读推广研究 [D]. 天津：天津工业大学，2017.

[171] 赵佳寅. 大学生思想政治“微教育”模式研究 [D]. 长春：吉林大学，2017.

[172] 王春婷. 微信在高校思想政治教育中的应用研究 [D]. 太原：中北大学，2017.

[173] 苗宁. 基于微信的大学英语移动学习策略研究 [J]. 中国电化教育，2016 (3)：136-140.

[174] 童霞，张世波. 基于微信的微学习平台设计与应用研究 [J]. 中国教育信息化，2016 (03)：83-86.

[175] 马思宇. 微信公众号转载的著作权侵权与保护研究 [D]. 长春：吉林大学，2017.

[176] 梅君莹. 微信公众号运营策略研究 [D]. 合肥：安徽大学，2017.

[177] Chunmei Gan，Weijun Wang. Uses and gratifications of social media：a comparison of microblog and WeChat [J]. Journal of Systems and Information Technology，2015，17 (4)：351-363.

[178] 李莎莎. 基于微信公众平台内容产品的设计研究 [D]. 天津：天津工业大学，2017.

[179] 余人，高乔. 数字出版平台 APP 与微信公众号比较研究 [J]. 中国出版，2017 (7)：39-44.

[180] 蒋志辉，赵呈领，李红霞. 基于微信的“多终端互动探究”学习模式构建与实证研究 [J]. 远程教育，2016，34 (6)：46-54.

[181] 李新星，许倩，张筱倩，等. 面向湖北省 35 所本科高校图书馆的移动 APP 调查与分析 [J]. 图书馆学研究，2016 (9)：18-23.

[182] 谢远超. 微信公众号信息服务平台的设计与实现 [D]. 中山：中山大学，2014.

[183] 王吉，石岩. 基于微信公众平台的教务系统开发思考 [J]. 信息与电脑：理论版，2019 (1)：111-112.

[184] 刘甜甜. 基于微信公众平台的开发与应用 [D]. 北京：中央民族大学，2017.

[185] 韩瑞卿. 华科大校园植物微信公众号制作 [D]. 武汉：华中科技大学，2016.